A cura di
ENRICO IMPALÀ

Francesco *racconta* Francesco

Il santo di Assisi nelle parole del Papa

edizioni terra santa

Per informazioni sulle opere pubblicate
e in programma rivolgersi a:

Edizioni Terra Santa
Via Giovanni Gherardini, 5 - 20145, Milano
Tel. +39 02 34592679
Fax + 39 02 31801980
http://www.edizioniterrasanta.it
e-mail: editrice@edizioniterrasanta.it

Progetto grafico: Elisabetta Ostini
In copertina: foto di Ettore Ferrari/ANSA;
Cimabue, *San Francesco* (part.),
Assisi, basilica inferiore di S. Francesco

Finito di stampare nel settembre 2016
da Press Grafica, Gravellona Toce (VB)
per conto di Fondazione Terra Santa

ISBN 978-88-6240-424-2

Ai Frati minori della Porziuncola
Cari fratelli.
Per favore custodite la "minorità".
Pregate per me.
Che il Signore vi benedica
e la Madonna vi custodisca.

Ai Frati minori di San Damiano
Grazie per la testimonianza.
Misericordia e povertà!
Per favore, pregate per me.

Alle sorelle Clarisse di Santa Chiara
Alle suore di questo monastero,
con la mia benedizione
e chiedendogli di pregare per me.
Non dimenticare:
contemplazione con Gesù,
vita comunitaria unita, e gioia.
Affettuosamente, Francesco

Papa Francesco ad Assisi, 4 ottobre 2013

Introduzione

di Enrico Impalà

Francesco racconta Francesco

Amo la spiritualità di san Francesco e da molti anni cerco di approfondirne la conoscenza, in particolare mediante i suoi scritti. E anch'io, come tutti, mi sono affezionato a un particolare episodio della vita del santo d'Assisi, a una sua preghiera, a un passo della *Regola* o delle *Ammonizioni*, a un certo modo di fare o di comunicare le sue idee, al suo animo. Una tematica sanfrancescana che mi è particolarmente cara, ad esempio, è quella della pace; è diventata, nel tempo, la prospettiva centrale con cui oggi rileggo l'esperienza spirituale di san Francesco[1].

Papa Francesco porta il nome di san Francesco (su questo dato di fatto in tanti si sono espressi); ascoltando e leggendo i vari interventi del Papa, mi sono accorto che anche lui ha una sua personale visione di san Francesco, basata su una notevole conoscenza culturale e, anche e soprattutto, su una naturale sintonia spirituale con il poverello di Assisi.

Ascoltare e vedere Papa Francesco è un po' come incontrare san Francesco. Naturalmente il santo che arriva a noi dai suoi scritti, e non quell'immagine sdolcinata costruita lungo i secoli; immagine che tanto può piacere all'inizio quanto può risultare sgradevole se presentata troppo di frequente.

E anche quando il Papa non cita direttamente san Francesco nelle omelie o interventi di varia natura, basta osservare il suo

---

[1] Cfr. IMPALÀ E., *Francesco. L'esperienza spirituale di un uomo di pace*, Xenia, Como-Pavia 2014.

volto disteso e il suo sorriso coinvolgente per rivivere le atmosfere narrate dai primi biografi del santo di Assisi. Perché? A mio avviso perché il modo di vivere l'annuncio evangelico di Papa Francesco è così umile e semplice, così diretto e chiaro, che attualizza, anche nella forma e non solo nei contenuti, l'invito di san Francesco a vivere della Parola di Dio senza bisogno di un commento a margine, *sine glossa*.

Ascoltare le riflessioni del Papa è come stare ad Assisi per un po' di tempo. Le sue parole ti spingono a desiderare una vita semplice, umile e felice; senza nulla di proprio e senza il desiderio di possedere qualcosa o qualcuno.

Chi vuole incontrare veramente san Francesco non può percorrere altra strada che quella del mendicante, e Papa Francesco lo è.

Il Papa potrebbe, credo, rispondere allo stesso modo di san Francesco alla domanda posta da frate Masseo da Marignano, «uomo di grande santità, discrezione e grazia nel parlare di Dio, per la qual cosa santo Francesco molto l'amava. Un giorno, per provare dunque l'umiltà del santo, gli chiese: "Perché a te, perché a te, perché a te?".

Santo Francesco risponde: "Che è quello che tu vuoi dire?". Disse frate Masseo: "Dico, perché a te tutto 'l mondo viene dirieto, e ogni persona pare che desideri di vederti e d'udirti e d'ubbidirti? Tu non se' bello uomo del corpo, tu non se' di grande scienza, tu non se' nobile; onde dunque a te che tutto il mondo ti venga dietro?".

Udendo questo santo Francesco [...] disse: "Vuoi sapere perché a me? Vuoi sapere perché a me? Vuoi sapere perché a me tutto 'l mondo mi venga dietro?

Questo io ho da quelli occhi dello altissimo Iddio, li quali in ogni luogo contemplano i buoni e li rei: imperciò che quelli occhi santissimi non hanno veduto fra li peccatori nessuno più vile, né più insufficiente, né più grande peccatore di me; e però a fare quell'operazione maravigliosa, la quale egli intende di fare, non ha trovato più vile creatura sopra la terra; e perciò ha eletto me per confondere la nobiltà e la grandigia e la fortezza e bellezza e sapienza del mondo, acciò che si conosca ch'ogni virtù e ogni bene è da lui, e non dalla creatura, e nessuna persona si possa gloriare nel cospetto suo; ma chi si gloria, si glorii nel Signore[2], a cui è ogni onore e gloria in eterno"»[3].

In umiltà, san Francesco e Papa Francesco propongono entrambi una vita di lode a Dio, grazie allo Spirito donato da Gesù Cristo, lì in alto, sulla croce.

A questo punto, ritengo utile approfondire innanzitutto come, a mio avviso, Papa Francesco "racconti" il suo san Francesco anche senza citarlo direttamente, soffermandoci sull'esempio significativo del discorso tenuto presso la comunità ebraica di Roma.

Visita alla sinagoga

Durante la visita alla sinagoga di Roma[4], in una fredda e tersa domenica di gennaio, Papa Francesco nel suo discorso alla comunità ebraica ha ribadito l'amicizia fraterna che unisce ebrei e cristiani.

Cari fratelli e sorelle,
sono felice di trovarmi oggi con voi in questo Tempio Maggiore [...] e ringrazio voi tutti per la calorosa accoglienza, grazie! Todà rabà!
Nella mia prima visita a questa sinagoga come vescovo di Roma, desidero esprimere a voi, estendendolo a tutte le comunità ebraiche, il saluto fraterno di pace di questa Chiesa e dell'intera Chiesa cattolica.
[...] Nel dialogo interreligioso è fondamentale che ci incontriamo come fratelli e sorelle davanti al nostro Creatore e a Lui rendiamo lode, che ci rispettiamo e apprezziamo a vicenda e cerchiamo di collaborare. E nel dia-

---

[2] Cfr. *Ger* 9,22; *1Cor* 1,31.
[3] Fior X: FF 1838.
[4] Visita alla sinagoga di Roma, *Discorso del Santo Padre Francesco alla comunità ebraica*, 17 gennaio 2016.

logo ebraico-cristiano c'è un legame unico e peculiare, in virtù delle radici ebraiche del cristianesimo: ebrei e cristiani devono dunque sentirsi fratelli, uniti dallo stesso Dio e da un ricco patrimonio spirituale comune[5], sul quale basarsi e continuare a costruire il futuro.

Con questa mia visita seguo le orme dei miei predecessori. Papa Giovanni Paolo II venne qui trent'anni fa, il 13 aprile 1986, e Papa Benedetto XVI è stato tra voi sei anni or sono. Giovanni Paolo II, in quella occasione, coniò la bella espressione "fratelli maggiori", e infatti voi siete i nostri fratelli e le nostre sorelle maggiori nella fede. Tutti quanti apparteniamo a un'unica famiglia, la famiglia di Dio, il quale ci accompagna e ci protegge come suo popolo. Insieme, come ebrei e come cattolici, siamo chiamati ad assumerci le nostre responsabilità per questa città, apportando il nostro contributo, anzitutto spirituale, e favorendo la risoluzione dei diversi problemi attuali. Mi auguro che crescano sempre più la vicinanza, la reciproca conoscenza e la stima tra le nostre due comunità di fede [...]. Insieme con le questioni teologiche, non dobbiamo perdere di vista le grandi sfide che il mondo di oggi si trova ad affrontare. Quella di una ecologia integrale è ormai prioritaria, e come cristiani ed ebrei possiamo e dobbiamo offrire all'umanità intera il messaggio della Bibbia circa la cura del creato. Conflitti, guerre, violenze e ingiustizie aprono ferite profonde nell'umanità e ci chiamano a rafforzare l'impegno per la pace e la giustizia. La violenza dell'uomo sull'uomo è in contraddizione con ogni religione degna di questo nome, e in particolare con le tre grandi religioni monoteistiche. [...] Cari fratelli maggiori, dobbiamo davvero essere grati per tutto ciò che è stato possibile realizzare negli ultimi cinquant'anni, perché tra noi sono cresciute e si sono approfondite la comprensione reciproca, la mutua fiducia e l'amicizia. Preghiamo insieme il Signore, affinché conduca il nostro cammino verso un futuro buono, migliore. Dio ha per noi progetti di salvezza, come dice il profeta Geremia: «Io conosco i progetti che ho fatto a vostro riguardo – oracolo del Signore –, progetti di pace e non di sventura, per concedervi un futuro pieno di speranza»[6].

---

[5] Cfr. Dichiarazione *Nostra Aetate*, 4.
[6] *Ger* 29,11.

Che il Signore ci benedica e ci protegga. Faccia splendere il suo volto su di noi e ci doni la súa grazia. Rivolga su di noi il suo volto e ci conceda la pace[7]. Shalom alechem!

Apparentemente dunque (e stranamente), sembra che Papa Francesco si sia dimenticato di citare, in un discorso carico di "pace", proprio san Francesco, che della pace è divenuto simbolo. Eppure, per chi conosce gli scritti di san Francesco, o è passato qualche volta da Assisi, l'allusione al santo non è poi così velata. Infatti, il Papa conclude il suo discorso con una formula di benedizione biblica molto cara al santo di Assisi, utilizzata dal poverello in un periodo senza dubbio particolarmente pacificato della sua vita.

Benedizione a frate Leone

Siamo nel 1224, durante la quaresima di san Michele nel luogo della Verna, e Francesco ha la visione del serafino crocifisso. Riceve le stimmate e dopo questo evento mistico scrive di sua mano *Lodi di Dio altissimo*[8], rendendo grazie a Dio per un tale beneficio. È un testo dall'andamento contemplativo, scandito dal Tu sei: umiltà, pazienza, sicurezza, quiete, mansuetudine, rifugio, dolcezza... termini che raccontano una vita pacificata, in cui non vi sono particolari richieste o impetrazioni o suppliche di perdono. È una preghiera di pura lode.

Ed è proprio in questo periodo, così pacificato, che Francesco formula la *Benedizione a frate Leone*[9].

---

[7] Cfr. *Nm* 6,24-26.
[8] *LodAl*: FF 261.
[9] *BfL*: FF 262. Per motivazioni, cfr. *2Cel* 49: FF 635.

Il Signore ti benedica e ti custodisca[10].
Mostri a te il suo volto e abbia misericordia di te.
Rivolga il suo volto verso di te e ti dia pace.
Il Signore benedica te, frate Leone[11].

L'attenzione che Francesco dedica a frate Leone è grande: il disegno della croce a forma di Tau, inserito nel nome Leone, mostra la grande libertà espressiva di Francesco e un'intesa immediata tra i due. Francesco non teme incomprensioni da parte di frate Leone: oltre le parole a unirli profondamente vi sono i segni, i simboli, le esperienze comuni, i silenzi, le preghiere. La redenzione dell'umanità portata dalla croce di Cristo è già, per Francesco, nella vita dell'amico e fratello; è già inscritta nel suo nome. Francesco lo guarda con rispetto, con onore, in quanto vede in lui non solo un amico ma un salvato. E, di fronte a lui, si vede piccolo, ancora e sempre in cammino.

Francesco rivolge consigli e ammonizioni ai suoi frati sempre da "minore"; vive sottomesso a tutti, come si rileva anche dalle sue belle lettere.

Frate Leone è un colto sacerdote e un abile calligrafo, uno dei compagni prediletti da Francesco, suo confessore e segretario inseparabile. A lui san Francesco confidò la dimora della «vera e perfetta letizia»; lo volle al suo fianco quando compose nuovamente la *Regola*; dopo aver ricevuto le stimmate sul monte La Verna, gli lasciò vedere e toccare le piaghe.

Frate Leone – pecorella di Dio – fu amato da san Francesco proprio per la sua semplicità e purezza di cuore.

Così, nel medesimo modo, il Papa, abbracciando e stringendo mani nella sinagoga di Roma, come san Francesco ha dimostrato una grande libertà espressiva, un'intesa immediata con i presenti;

---

[10] Cfr. *Nm* 6,24-26.
[11] *BfL* 1-3: FF 262.

come dovrebbe avvenire tra fratelli. Papa Francesco non ha temuto incomprensioni da parte del popolo ebraico: le parole del suo discorso sono state accompagnate da segni, simboli, richiami a esperienze comuni, silenzi, preghiere... Come se Papa Francesco si fosse sforzato di mostrare, con tutto ciò che aveva a sua disposizione (parole, volto, mani, sentimenti), quanto il mondo intero desideri la pace. Un'implorazione tenera, una richiesta affettuosa affinché cristiani ed ebrei (e tutti i credenti in Dio, tutti gli uomini di buona volontà), finalmente uniti, si impegnino a rendere la vita comune profondamente umana.

La benedizione di Numeri

La benedizione di Numeri 6,24-26, usata dal Papa, fu conosciuta da san Francesco probabilmente attraverso la liturgia[12]. È un testo antichissimo che influenzò notevolmente la preghiera di Israele[13]:

> Ti benedica il Signore
> e ti custodisca.
> Il Signore faccia risplendere per te il suo volto
> e ti faccia grazia.
> Il Signore rivolga a te il suo volto
> e ti conceda pace.

La formula di benedizione – passando attraverso Mosè – è attribuita a Dio stesso. Egli insegna ad Aronne e ai suoi figli come avrebbero dovuto benedire gli Israeliti. La benedizione è sì data dai sacerdoti, ma è Dio che benedice. È sicuramente rivolta a tutto il popolo, ma è formulata alla seconda persona singolare, perché la benedizione è data a ciascuno singolarmente.

---

[12] Cfr. *Ordo ad clericum faciendum* su un Pontificale aretino del XII secolo.
[13] Cfr. *Sal* 4,7; 67,2.

Per tre volte si pronuncia il nome divino: si pone in tal modo una relazione personale fra Dio e colui che è benedetto. Alle tre azioni di Dio, ossia benedica, faccia risplendere e rivolga, corrispondono tre effetti: custodisca, faccia grazia e conceda[14]. Benedire è, perciò, quasi un sinonimo di custodire, proteggere, difendere. Il richiamo evidente è al Pastore, al custode d'Israele: egli – nel linguaggio dei Salmi – non prende sonno, non si addormenta. La benedizione divina è perciò efficace: è grazia che protegge, fonte perenne di doni.

Il volto[15] splendente di JHWH è un'immagine per indicare il sorriso con cui si rivolge al suo popolo. L'immagine del volto luminoso di Dio è frequente nei Salmi[16] anche come invocazione[17]. Il sorriso di JHWH è auspicio di prosperità, di benevolenza e di protezione:

> Se il volto del re è luminoso, c'è la vita:
> il suo favore è come pioggia di primavera[18].

La «grazia» consiste appunto nella benevolenza di Dio verso il suo popolo.

La benedizione continua poi con una terza richiesta: «Il Signore rivolga a te il suo volto e ti conceda pace». Si riprende qui quanto era già stato espresso nel versetto precedente, con l'auspicio che il volto di Dio resti rivolto verso Israele, segno di attenzione e di

---

[14] Nel testo ebraico la triplice formula di benedizione è espressa in un crescendo significativo: la prima benedizione è composta da tre vocaboli, la seconda da cinque, l'ultima da sette, quasi ad affermare il dinamismo di crescita, fino alla pienezza della benedizione divina.

[15] Nel testo si nota un riferimento insistito al volto risplendente, segno di benevolenza e premura: *bene-dicat* richiama il dire e la bocca; *faciem* la faccia; *vultum* il volto.

[16] Cfr. *Sal* 44,4; 89,16.

[17] *Sal* 31,17; 80,4.8.20; 119,135.

[18] Cfr. *Pr* 16,15.

benevolenza, perché in caso contrario il popolo cade nella disperazione[19].

La benevolenza e l'attenzione di Dio sono premessa del dono della pace (*shalom*).

Shalom nelle forme di saluto diventa augurio di una vita serena, equilibrata nella felicità materiale e spirituale, tanto che lo si potrebbe tradurre con «felicità»[20]. La terza formula, dunque, non chiede semplicemente il dono della pace, ma domanda a Dio di rendere stabile la sua presenza benevolente nella pace.

La benedizione in Numeri ha quindi lo scopo di attirare sul popolo la protezione divina, che si manifesta nel fatto che Dio «fa brillare» il proprio volto sul popolo, cioè gli sorride, dimostrando così la sua benevolenza.

Papa Francesco e san Francesco

San Francesco esprime in modo straordinariamente efficace e personale ciò che Numeri dice: come segno del suo favore Dio concede a Israele il dono della pace (*shalom*), che rappresenta la sintesi di ogni bene. L'invocazione della benedizione divina mostra chiaramente che la pace è il valore fondamentale al quale Israele deve tendere. E così deve essere anche per frate Leone, e allo stesso modo oggi per ogni cristiano, per ogni battezzato, per ogni minore, per ogni servo del Signore e anche per il servo dei servi, il Papa.

Papa Francesco pertanto, con la benedizione finale del suo discorso nella sinagoga, parla di sé e di san Francesco. La benedizione passa anche attraverso il sorriso, il volto disteso, le parole serene e cordiali, lo star bene, la felicità, la pace.

---

[19] Cfr. *Sal* 30,8; 104,29; 44,25.
[20] Cfr. *Gb* 21,9; *Lv* 26,6. Cfr. il commento a questa benedizione di Torti Mazzi R., *Pentateuco. Note esegetiche e teologico-pastorali*, in Conferenza Episcopale Italiana, *La Bibbia. Via verità e vita*, Edizioni San Paolo, Cinisello Balsamo 2009, pp. 243-245.

Ora comprendiamo forse meglio il modo di operare del Papa: per lui annuncio e testimonianza della fede non sono separabili. Esattamente come fu per san Francesco.

Quando Jorge Mario Bergoglio il 13 marzo 2013 fu eletto Papa, nel suo cuore entrò la parola «Poveri! Poveri!» di cui non avrebbe dovuto mai dimenticarsi, perciò decise di farsi chiamare Francesco: «[...] In relazione ai poveri ho pensato a Francesco d'Assisi. Poi, ho pensato alle guerre, mentre lo scrutinio proseguiva, fino a tutti i voti. E Francesco è l'uomo della pace[21]. E così, è venuto il nome, nel mio cuore: Francesco d'Assisi»[22].

Da quel momento non ha mai smesso di far riferimento al santo di cui porta il nome. A volte spiegando direttamente chi è san Francesco per lui. Altre volte – come in occasione della visita alla sinagoga di Roma – con un chiaro riferimento agli scritti di Francesco o, in modo più ampio, alle Fonti Francescane. Altre ancora, e in modo più lieve, offrendo a tutti un sorriso e le stesse atmosfere di letizia e di pace che accompagnavano l'austera e povera vita del frate di Assisi.

---

[21] Cfr. Conclusioni.

[22] Udienza ai rappresentanti dei media, *Discorso del Santo Padre Francesco*, Aula Paolo VI, 16 marzo 2013.

Perché mi chiamo Francesco[1]

Alcuni non sapevano perché il vescovo di Roma ha voluto chiamarsi Francesco. Alcuni pensavano a Francesco Saverio[2], a Francesco di Sales[3], anche a Francesco d'Assisi.

Io vi racconterò la storia.

Nell'elezione, io avevo accanto a me l'arcivescovo emerito di San Paolo e anche prefetto emerito della Congregazione per il clero, il cardinale Claudio Hummes[4]: un grande amico, un grande amico! Quando la cosa diveniva un po' pericolosa, lui mi confortava. E quando i voti sono saliti a due terzi, viene l'applauso consueto, perché è stato eletto il Papa. E lui mi abbracciò, mi baciò e mi disse:

«Non dimenticarti dei poveri!».

E quella parola è entrata qui: i poveri, i poveri.

Poi, subito, in relazione ai poveri ho pensato a Francesco d'Assisi. Poi, ho pensato alle guerre, mentre lo scrutinio proseguiva, fino a tutti i voti.

E Francesco è l'uomo della pace.

E così, è venuto il nome, nel mio cuore: Francesco d'Assisi.

È per me l'uomo della povertà, l'uomo della pace, l'uomo che ama e custodisce il creato; in questo momento anche noi abbiamo con il creato una relazione non tanto buona, no? È l'uomo che ci dà questo spirito di pace, l'uomo povero... Ah, come vorrei una Chiesa povera e per i poveri!

Dopo, alcuni hanno fatto diverse battute.

«Ma, tu dovresti chiamarti Adriano, perché Adriano VI[5] è stato il riformatore, bisogna riformare...».

E un altro mi ha detto:

«No, no: il tuo nome dovrebbe essere Clemente».

«Ma perché?».

«Clemente XV: così ti vendichi di Clemente XIV[6] che ha soppresso la Compagnia di Gesù!».

Sono battute… Vi voglio tanto bene, vi ringrazio per tutto quello che avete fatto. E penso al vostro lavoro: vi auguro di lavorare con serenità e con frutto, e di conoscere sempre meglio il Vangelo di Gesù Cristo e la realtà della Chiesa. Vi affido all'intercessione della Beata Vergine Maria, Stella dell'evangelizzazione. E auguro il meglio a voi e alle vostre famiglie, a ciascuna delle vostre famiglie. E impartisco di cuore a tutti voi la benedizione.

Grazie.

Per saperne di più

[1] Udienza ai rappresentanti dei media, *Discorso del Santo Padre Francesco*, Aula Paolo VI, 16 marzo 2013.

[2] **San Francesco Saverio.** Francesco Saverio nacque nel castello di Javier, nella Spagna del nord, il 7 aprile 1506. Dopo essere entrato nel clero di Pamplona, nel 1525 si recò a Parigi per proseguire gli studi. Nel collegio Santa Barbara, dove risiedeva, conobbe Ignazio di Loyola e nel 1534 a Montmartre emise i voti religiosi con il primo nucleo della Compagnia di Gesù. Fu ordinato sacerdote a Venezia nel 1537 e nel 1540 Francesco, nominato da Paolo III nunzio apostolico, partì per le Indie. Dopo un viaggio durato un anno arrivò a Goa e nel maggio dell'anno successivo si spinse fino a Taiwan. Nel 1545 partì per la penisola di Malacca, in Malesia. In Giappone giunse nell'agosto 1549. Si ammalò durante il viaggio dalla Malacca all'isola di Sancian, e morì il 3 dicembre 1552. Fu proclamato santo nel 1622 da Papa Gregorio XV e nel 1927 patrono delle missioni.

Papa Francesco, nell'omelia del 31 luglio 2013 in occasione della festa di sant'Ignazio di Loyola, ha presentato san Francesco Saverio come un'icona: egli è la raffigurazione di come un gesuita deve vivere il suo "tramonto", la fine della sua vita (Cfr. Approfondimenti).

[3] **San Francesco di Sales.** Francesco di Sales nacque il 21 agosto 1567 in Savoia. È considerato una delle grandi figure della Riforma cattolica e della mistica francese. Morì a Lione il 28 dicembre del 1622, fu proclamato santo nel 1665 da Papa Alessandro VII e, per i suoi innumerevoli scritti e la sua dottrina, dottore della Chiesa nel 1887 da Papa Leone XIII.

Benedetto XVI in una *Udienza generale* (2 marzo 2011) sintetizzò così la sua spiritualità:

> «*Dio è il Dio del cuore umano*: in queste parole apparentemente semplici del *Trattato dell'amore di Dio* (I, XV) cogliamo l'impronta della spiritualità di un grande maestro [...] in una stagione come la nostra che cerca la libertà, anche con violenza e inquietudine, non deve sfuggire l'attualità di questo grande maestro di spiritualità e di pace, che consegna ai suoi discepoli lo "spirito di libertà", quella vera, al culmine di un insegnamento affascinante e completo sulla realtà dell'amore. San Francesco di Sales è un testimone esemplare dell'umanesimo cristiano; con il suo stile familiare, con parabole che hanno talora il colpo d'ala della poesia, ricorda che l'uomo porta iscritta nel profondo di sé la nostalgia di Dio e che solo in lui trova la vera gioia e la sua realizzazione più piena».

⁴ **S. Em. card. Claudio Hummes.** Il cardinale Claudio Hummes, O.F.M., è originario di Montenegro (arcidiocesi di Porto Alegre), dove è nato l'8 agosto 1934, in una famiglia tedesca. Da san Giovanni Paolo II fu creato e pubblicato cardinale nel concistoro del 21 febbraio 2001. Membro della Congregazione per il culto divino e la disciplina dei sacramenti; del Pontificio consiglio per la Famiglia; della Pontificia Commissione per l'America Latina.

Due giorni dopo l'elezione di Papa Francesco, in un'intervista il cardinal Hummes disse:

> «Francesco è un nome colmo di significati e messaggi. Un nome unico e straordinario nella storia del papato. Lui l'ha scelto, e questo vale più di tanti scritti e discorsi. Lo hanno capito tutti. Nel senso che sprona a sperimentare nuovi metodi di evangelizzazione, come ha detto oggi al collegio dei cardinali, e che apre nuove strade per la vita della Chiesa. Una Chiesa più semplice, più povera e soprattutto più per i poveri. Che dà ai poveri il posto che ha riservato loro Gesù: sono loro infatti i destinatari primi dell'evangelizzazione e dell'amore della Chiesa» (cfr. CARDINALE G., *Hummes: tempi nuovi per la vita della Chiesa*, Avvenire.it, 16 marzo 2013).

⁵ **Adriano VI.** Adriaan Florenszoon Boeyens d'Edel (Utrecht 2 marzo 1459 – Roma 14 settembre 1523), fu il 218° Papa della Chiesa cattolica, dal 1522 alla morte.

Adriano VI riconobbe apertamente gli abomini, gli abusi e le prevaricazioni di cui si era resa colpevole la corte romana del suo tempo, malattia profondamente radicata e sviluppata, estesa dal capo ai membri:

> «Ciascuno di noi deve esaminare in che cosa è caduto ed esaminarsi lui stesso più rigorosamente di quanto non lo sarà da Dio nel giorno della sua collera» (*Messaggio alla Dieta di Norimberga*, 25 novembre 1522, in: *Deutsche Reichstagsakten*, nuova serie, III, Gotha 1893, pp. 390-399).

⁶ **Clemente XIV.** Giovanni Vincenzo Antonio Ganganelli (Santarcangelo di Romagna 31 ottobre 1705 – Roma 22 settembre 1774) è stato il 249° vescovo di Roma e Papa della Chiesa cattolica dal 28 maggio 1769 sino alla morte. Apparteneva all'ordine dei Frati minori conventuali. Con un Breve (*Dominus ac Redemptor*) il Sommo Pontefice, Clemente XIV, il 21 luglio 1773 soppresse la Compagnia di Gesù:

> «[...] Considerando che la predetta Compagnia di Gesù non poteva produrre più quei salutari, ubertosi frutti e vantaggi per i quali fu istituita, e da tanti nostri predecessori approvata e onorata di infiniti privilegi; ma che anzi è ormai divenuto impossibile che la Chiesa abbia pace vera e durevole finché quest'ordine

sussiste; indotti da tali specialissime ragioni e da altre che ci dettano le leggi della prudenza e dell'ottimo governo della Chiesa, riposte nel segreto dell'anima nostra; seguendo le orme dei nostri predecessori, e soprattutto di Gregorio X nel generale concilio di Lione; tanto più che, anche nel caso presente, si tratta di una società che per ragione del suo istituto e dei suoi privilegi è iscritta nel numero degli ordini mendicanti; con ben maturo consiglio, di certa scienza, e con la pienezza dell'apostolica potestà, estinguiamo e sopprimiamo la più volte citata società [...]».

Francesco d'Assisi[1]

«Ti rendo lode, Padre, Signore del cielo e della terra,
perché hai nascosto queste cose ai sapienti e ai dotti
e le hai rivelate ai piccoli»[2].

P ace e bene a tutti[3]! Con questo saluto francescano vi ringrazio
per essere venuti qui, in questa piazza, carica di storia e di
fede, a pregare insieme.

Oggi anch'io, come tanti pellegrini, sono venuto per rendere
lode al Padre di tutto ciò che ha voluto rivelare a uno di questi
"piccoli" di cui ci parla il Vangelo: Francesco, figlio di un ricco
commerciante di Assisi. L'incontro con Gesù lo portò a spogliarsi
di una vita agiata e spensierata, per sposare "Madonna povertà"
e vivere da vero figlio del Padre che è nei cieli. Questa scelta, da
parte di san Francesco, rappresentava un modo radicale di imitare
Cristo, di rivestirsi di colui che, da ricco che era, si è fatto povero
per arricchire noi per mezzo della sua povertà[4]. In tutta la vita
di Francesco l'amore per i poveri e l'imitazione di Cristo povero[5]
sono due elementi uniti in modo inscindibile, le due facce di una
stessa medaglia.

Che cosa testimonia san Francesco a noi, oggi? Che cosa ci dice,
non con le parole – questo è facile – ma con la vita?

1. La prima cosa che ci dice, la realtà fondamentale che ci testimonia è questa: essere cristiani è un rapporto vitale con la persona
di Gesù, è rivestirsi di lui, è assimilazione a lui.

Da dove parte il cammino di Francesco verso Cristo? Parte dallo sguardo di Gesù sulla croce. Lasciarsi guardare da lui nel momento in cui dona la vita per noi e ci attira a lui. Francesco ha
fatto questa esperienza in modo particolare nella chiesetta di San
Damiano, pregando davanti al crocifisso, che anch'io oggi potrò
venerare. In quel crocifisso Gesù non appare morto, ma vivo! Il

sangue scende dalle ferite delle mani, dei piedi e del costato, ma quel sangue esprime vita. Gesù non ha gli occhi chiusi, ma aperti, spalancati: uno sguardo che parla al cuore. E il crocifisso non ci parla di sconfitta, di fallimento; paradossalmente ci parla di una morte che è vita, che genera vita, perché ci parla di amore, perché è l'amore di Dio incarnato, e l'amore non muore, anzi, sconfigge il male e la morte. Chi si lascia guardare da Gesù crocifisso viene ricreato, diventa una «nuova creatura». Da qui parte tutto: è l'esperienza della Grazia che trasforma, l'essere amati senza merito, pur essendo peccatori. Per questo Francesco può dire, come san Paolo: «Quanto a me non ci sia altro vanto che nella croce del Signore nostro Gesù Cristo»[6].

Ci rivolgiamo a te, Francesco, e ti chiediamo: insegnaci a rimanere davanti al crocifisso, a lasciarci guardare da lui, a lasciarci perdonare, ricreare dal suo amore.

2. Nel Vangelo abbiamo ascoltato queste parole: «Venite a me, voi tutti, che siete stanchi e oppressi, e io vi darò ristoro. Prendete il mio giogo sopra di voi e imparate da me, che sono mite e umile di cuore»[7].

Questa è la seconda cosa che Francesco ci testimonia: chi segue Cristo, riceve la vera pace, quella che solo lui, e non il mondo, ci può dare. San Francesco viene associato da molti alla pace, ed è giusto, ma pochi vanno in profondità[8]. Qual è la pace che Francesco ha accolto e vissuto e ci trasmette? Quella di Cristo, passata attraverso l'amore più grande, quello della croce. È la pace che Gesù Risorto donò ai discepoli quando apparve in mezzo a loro[9].

La pace francescana non è un sentimento sdolcinato. Per favore: questo san Francesco non esiste! E neppure è una specie di armonia panteistica con le energie del cosmo... Anche questo non è francescano! Anche questo non è francescano, ma è un'idea che alcuni hanno costruito! La pace di san Francesco è quella di Cristo, e la trova chi «prende su di sé» il suo «giogo», cioè il suo comandamento: Amatevi gli uni gli altri come io vi ho amato[10]. E questo giogo non si può portare con arroganza, con presunzione, con superbia, ma solo si può portare con mitezza e umiltà di cuore.

Ci rivolgiamo a te, Francesco, e ti chiediamo: insegnaci a essere "strumenti della pace", della pace che ha la sua sorgente in Dio, la pace che ci ha portato il Signore Gesù.

3. Francesco inizia il Cantico così: «Altissimu, onnipotente, bon Signore... Laudato sie... cum tucte le tue creature»[11]. L'amore per tutta la creazione, per la sua armonia! Il santo d'Assisi testimonia il rispetto per tutto ciò che Dio ha creato e come lui lo ha creato, senza sperimentare sul creato per distruggerlo; aiutarlo a crescere, a essere più bello e più simile a quello che Dio ha creato. E soprattutto san Francesco testimonia il rispetto per tutto, testimonia che l'uomo è chiamato a custodire l'uomo, che l'uomo sia al centro della creazione, al posto dove Dio – il Creatore – lo ha voluto. Non strumento degli idoli che noi creiamo! L'armonia e la pace! Francesco è stato uomo di armonia, uomo di pace. Da questa città della pace, ripeto con la forza e la mitezza dell'amore: rispettiamo la creazione, non siamo strumenti di distruzione! Rispettiamo ogni essere umano: cessino i conflitti armati che insanguinano la terra, tacciano le armi e dovunque l'odio ceda il posto all'amore, l'offesa al perdono e la discordia all'unione[12]. Sentiamo il grido di coloro che piangono, soffrono e muoiono a causa della violenza, del terrorismo o della guerra, in Terra Santa, tanto amata da san Francesco, in Siria, nell'intero Medio Oriente, in tutto il mondo.

Ci rivolgiamo a te, Francesco, e ti chiediamo: ottienici da Dio il dono che in questo nostro mondo ci sia armonia, pace e rispetto per il creato[13]!

Per saperne di più

[1] Santa messa, *Omelia del Santo Padre Francesco*, piazza San Francesco, Assisi, 4 ottobre 2013.

[2] *Mt* 11,25.

[3] **Pace e bene.** La formula è un saluto che non troviamo negli scritti di Francesco. L'unica testimonianza relativa a questa formula di saluto nelle *Fonti Francescane* riferisce di una pratica prefrancescana: l'espressione è attribuita a un predecessore locale di Francesco e rimane fuori dall'ambito francescano, in quanto né il poverello né il francescanesimo l'utilizzano nel Medioevo.

L'episodio si colloca all'inizio della conversione del santo, quando con l'abito succinto, il bastone e i calzari, Francesco ispirato da Dio cominciò ad annunziare la perfezione del Vangelo, predicando a tutti la penitenza con semplicità (*3Comp* 8,26: FF 1428).

Pax et bonum è profondamente radicato nella tradizione biblica, e Francesco impiega volentieri i due concetti *pace* e *bene* in senso biblico, senza tuttavia unirli mai in un saluto allora diffuso ad Assisi.

Il passaggio dalla *Leggenda dei tre compagni* all'uso francescano del saluto di «pace e bene» è testimoniato per la prima volta nei conventi francescani del XV secolo; il saluto è diventato popolare in tutta Italia grazie al noto predicatore radiofonico e televisivo fra Mariano da Torino (1906-1972). Il cappuccino torinese ha aperto sin dagli anni Cinquanta le sue amate trasmissioni con il saluto «pace e bene a tutti». L'augurio divenne assai conosciuto tramite le preghiere per la pace di Assisi (1986, 2002, 2011), anche al di fuori dei circoli cristiani e in altre religioni.

[4] Cfr. *2Cor* 8,9.

[5] **Francesco alter Christus.** La difficoltà che oggi si incontra nel cogliere la figura del povero d'Assisi nella sua realtà storica dipende in larga misura dal fatto che la sua esperienza religiosa è stata presentata spesso come la riproduzione pura e semplice di quella di Gesù (come indica il titolo di *alter Christus* a lui attribuito da diversi autori a partire dalla fine del Duecento). Una tale sintesi non invoglia a cercare altro se non dei paralleli con la figura del Signore Gesù Cristo, non considerando che ogni gesto di Francesco, ogni sua parola è invece da collocare nella sua particolare *spiritualità*, in una vita nello Spirito Santo. Spingersi nella ricerca immergendosi nella particolarità del pensiero di Francesco non fa correre il rischio di dimenticarsi di un semplice punto di partenza, cioè che una spiritualità è cristiana quando fa riferimento a Gesù Cristo. Mentre la storia della spiritualità mostra tentazioni "spirituali" di fare a meno di Gesù Cristo, magari in una prospettiva di unione "immediata"

con Dio, che pretende di rinunciare all'unico *mediatore tra Dio e gli uomini, l'uomo Cristo Gesù* (cfr. *1Tm* 2, 5), Francesco comprende il Vangelo e sa vivere solo di esso.

[6] *Gal* 6,14.

[7] *Mt* 11,28-29.

[8] Cfr. Conclusioni.

[9] Cfr. *Gv* 20,19-21.

[10] Cfr. *Gv* 13,34; 15,12.

[11] *Spec*: FF 1820.

[12] **Preghiera semplice di san Francesco.** Quando si parla di pace "francescana" in tanti, ancora oggi, citano immediatamente la cosiddetta *Preghiera semplice di san Francesco:*

> Oh! Signore, fa' di me uno strumento della tua pace:
> dove è odio, fa' ch'io porti amore,
> dove è offesa, ch'io porti il perdono,
> dove è discordia, ch'io porti la fede,
> dove è l'errore, ch'io porti la Verità,
> dove è la disperazione, ch'io porti la speranza.
> Dove è tristezza, ch'io porti la gioia,
> dove sono le tenebre, ch'io porti la luce.
> Oh! Maestro, fa' che io non cerchi tanto:
> ad essere compreso, quanto a comprendere.
> Ad essere amato, quanto ad amare
> poiché: sì è:
> dando, che si riceve:
> perdonando che si è perdonati;
> morendo che si risuscita a vita eterna.
> Amen.

Anche se gli storici e gli addetti ai lavori hanno sempre ritenuto la bella orazione uno scritto non francescano, il caso è interessante: senza l'ascolto di Francesco attraverso la lettura dei suoi scritti, si rischia di idealizzare e, in un certo qual modo, distorcere la figura del santo. La preghiera compare per la prima volta nel numero di dicembre 1912 de *La Clochette*, una piccola rivista, fondata da un sacerdote della Normandia, Esther Auguste Bouquerel (1855-1923), il quale pubblicò la preghiera, probabilmente composta da lui stesso, sulla medesima rivista. Il problema dell'attribuzione a san Francesco cominciò quando il cappuccino Étienne Benôit da Parigi pubblicò la preghiera dietro a un'immaginetta raffigurante san Francesco che sorregge la regola del terz'ordine, intitolandola *Prière pour la paix*.

Nel 1945 la Chiesa di Ginevra diffonde una nuova liturgia con, al termine, un'appendice di preghiere ecumeniche tra cui figura per il Medioevo la preghiera per la pace, definita del XIII secolo e opera di Francesco d'Assisi.

Negli Stati Uniti e in Canada conobbe una diffusione enorme: fu persino letta nel 1945 durante la Conferenza di San Francisco da cui nacque l'Onu. Tutti i testi di allora attribuivano la preghiera a san Francesco: nel 1952 il pellegrinaggio di Pax Christi a Roma e Assisi la adottò ufficialmente. Divenuta una preghiera universale, fu fatta propria dal movimento gandhiano di Lanza del Vasto, dal vescovo brasiliano Hélder Câmara, dal Consiglio ecumenico delle Chiese. Madre Teresa di Calcutta la considerava un programma spirituale per i missionari della carità e la fece recitare nel 1979 a Oslo, quando le fu assegnato il premio Nobel per la pace, mentre il vescovo anglicano sudafricano Desmond Tutu la riteneva parte integrante della sua devozione. Il 27 ottobre 1986 Giovanni Paolo II, durante la giornata di preghiera e digiuno per la pace con tutti i rappresentanti delle religioni, citò tale preghiera; la scelta di Assisi per l'incontro fu in parte agevolata anche dall'attribuzione a san Francesco della bella preghiera.

Per ulteriori approfondimenti: Renoux C., *La prière pour la paix attribuée à saint François: une énigme à résoudre*, Éditions Franciscaines, Paris 2001.

[13] *Spec* 124: FF 1824.

Francesco: piccolo, ma forte nell'amore di Dio[1]

Nessuno può esigere da noi che releghiamo la religione alla segreta intimità delle persone, senza alcuna influenza sulla vita sociale e nazionale, senza preoccuparci per la salute delle istituzioni della società civile, senza esprimersi sugli avvenimenti che interessano i cittadini. Chi oserebbe rinchiudere in un tempio e far tacere il messaggio di san Francesco d'Assisi e della beata Teresa di Calcutta[2]? Essi non potrebbero accettarlo. Una fede autentica – che non è mai comoda e individualista – implica sempre un profondo desiderio di cambiare il mondo, di trasmettere valori, di lasciare qualcosa di migliore dopo il nostro passaggio sulla terra. Amiamo questo magnifico pianeta dove Dio ci ha posto, e amiamo l'umanità che lo abita, con tutti i suoi drammi e le sue stanchezze, con i suoi aneliti e le sue speranze, con i suoi valori e le sue fragilità. La terra è la nostra casa comune e tutti siamo fratelli. Sebbene «il giusto ordine della società e dello Stato sia il compito principale della politica», la Chiesa «non può né deve rimanere ai margini della lotta per la giustizia». Tutti i cristiani, anche i pastori, sono chiamati a preoccuparsi della costruzione di un mondo migliore. Di questo si tratta, perché il pensiero sociale della Chiesa è in primo luogo positivo e propositivo, orienta un'azione trasformatrice, e in questo senso non cessa di essere un segno di speranza che sgorga dal cuore pieno d'amore di Gesù Cristo. [...] Piccoli[3] ma forti nell'amore di Dio, come san Francesco d'Assisi, tutti i cristiani siamo chiamati a prenderci cura della fragilità del popolo e del mondo in cui viviamo.

Per saperne di più

[1] Esortazione apostolica *Evangelii Gaudium* del Santo Padre Francesco ai vescovi ai presbiteri e ai diaconi, alle persone consacrate e ai fedeli laici sull'annuncio del Vangelo nel mondo attuale, Roma, chiusura dell'anno della fede, solennità di N.S. Gesù Cristo Re dell'universo, 24 novembre 2013.

[2] **Santa madre Teresa di Calcutta.** La vita e l'esempio di Agnes Gonxha Bojaxhiu, divenuta per tutti madre Teresa di Calcutta (Skopje 26 agosto 1910 – Calcutta 5 settembre 1997), continuano a essere per molti fonte di quotidiana conversione. La settimana successiva la morte della santa, il cardinale Carlo Maria Martini in un'omelia ne fece una commossa memoria:

«Ci pare anzi di vederla ancora in mezzo a noi, piccola, semplice, umile e insieme forte, ferma, determinata. [...] Un grandissimo amore a Gesù è stato il segreto della sua esistenza e di tutte le sue opere: un amore totale, dedito, senza rimpianti, per il suo Signore Gesù. Ed è la prima eredità che ci lascia: il primato dell'amore a Gesù. Da qui nasceva un secondo grande insegnamento, che dava con le parole e con il suo modo di vivere: l'importanza della preghiera. Certamente sapeva bene l'importanza del lavoro, del servizio per gli altri, tuttavia voleva che alla base ci fosse sempre una preghiera raccolta. Intensa, prolungata. Sapeva che non è sufficiente dire *Il lavoro è preghiera*, perché nel mondo di oggi c'è un assoluto bisogno di trasformare quel motto nel seguente: *Il primo lavoro è la preghiera*».

Meno di due anni dopo la sua morte, a causa della diffusa fama di santità e delle grazie ottenute per sua intercessione, Papa Giovanni Paolo II permise l'apertura della causa di canonizzazione e il 20 dicembre 2002 approvò i decreti sulle sue virtù eroiche e sui miracoli. È stata proclamata santa il 4 settembre 2016.

[3] **Francesco, piccolo servo.** Nella *Lettera a tutto l'ordine* Francesco si definisce *piccolo*, come ben ricorda Papa Francesco:

«A tutti i frati a cui debbo riverenza e grande amore, a frate [Elia], ministro generale della Religione dei frati minori, suo signore, e agli altri ministri generali che succederanno a lui, e a tutti i ministri e custodi e sacerdoti della stessa fraternità, umili in Cristo, e a tutti i frati semplici e obbedienti, primi e ultimi, frate Francesco, uomo di poco conto e fragile, vostro piccolo servo, augura salute in Colui che ci ha redenti e ci ha lavati nel suo preziosissimo sangue» (cfr. *LOrd*: FF 214-233).

In Francesco la riflessione teologica si armonizza con la sua vita. Parole e opere, liturgia e carità, non sono mai separate perché l'amore di Dio permette che l'*Altissimo che sta nei cieli incontri l'infinitamente piccolo, unificando e pacificando non solo il cuore dell'uomo ma l'universo intero.*

Francesco e la sofferenza dell'umanità[1]

L a luce della fede non ci fa dimenticare le sofferenze del mondo. Per quanti uomini e donne di fede i sofferenti sono stati mediatori di luce! Così per san Francesco d'Assisi il lebbroso[2], o per la beata madre Teresa di Calcutta i suoi poveri. Hanno capito il mistero che c'è in loro. Avvicinandosi a essi non hanno certo cancellato tutte le loro sofferenze, né hanno potuto spiegare ogni male. La fede non è luce che dissipa tutte le nostre tenebre, ma lampada che guida nella notte i nostri passi, e questo basta per il cammino. All'uomo che soffre, Dio non dona un ragionamento che spieghi tutto, ma offre la sua risposta nella forma di una presenza che accompagna[3], di una storia di bene che si unisce a ogni storia di sofferenza per aprire in essa un varco di luce. In Cristo, Dio stesso ha voluto condividere con noi questa strada e offrirci il suo sguardo per vedere in essa la luce. Cristo è colui che, avendo sopportato il dolore, «dà origine alla fede e la porta a compimento»[4].

La sofferenza ci ricorda che il servizio della fede al bene comune è sempre servizio di speranza, che guarda in avanti, sapendo che solo da Dio, dal futuro che viene da Gesù risorto, può trovare fondamenta solide e durature la nostra società. In questo senso, la fede è congiunta alla speranza perché, anche se la nostra dimora quaggiù si va distruggendo, c'è una dimora eterna che Dio ha ormai inaugurato in Cristo, nel suo corpo[5]. Il dinamismo di fede, speranza e carità[6] ci fa così abbracciare le preoccupazioni di tutti gli uomini, nel nostro cammino verso quella città, «il cui architetto e costruttore è Dio stesso»[7], perché «la speranza non delude»[8].

Nell'unità con la fede e la carità, la speranza ci proietta verso un futuro certo, che si colloca in una prospettiva diversa rispetto alle proposte illusorie degli idoli del mondo, ma che dona nuovo slancio e nuova forza al vivere quotidiano. Non facciamoci rubare la speranza, non permettiamo che sia vanificata con soluzioni e proposte immediate che ci bloccano nel cammino, che "frammentano" il tempo, trasformandolo in spazio. Il tempo è sempre superiore allo spazio. Lo spazio cristallizza i processi, il tempo proietta invece verso il futuro e spinge a camminare con speranza.

Per saperne di più

[1] Lettera enciclica *Lumen Fidei* del Sommo Pontefice Francesco ai vescovi ai presbiteri e ai diaconi, alle persone consacrate e a tutti i fedeli laici sulla fede, Roma, solennità dei Santi Apostoli Pietro e Paolo, 29 giugno 2013.

[2] **Incontro con il lebbroso.** Tutta la vita di Francesco è accompagnata dalla costante presenza di un rapporto con gli altri, di cui gli scritti e le biografie sono un'eco fedele: dall'incontro con il lebbroso all'arrivo dei primi compagni fino ai problemi e alle "crisi" con i suoi frati negli ultimi anni di vita. Per Francesco il *fare penitenza* è un "incominciare". La sua conversione nasce da un modo nuovo di "vedere" la realtà, perché nessuno può convertirsi all'amore di Dio che non vede, se non ama il fratello che vede (cfr. *1Gv* 4,20). E un giorno Francesco vede un lebbroso.

I lebbrosi sono dei peccatori: eppure sono presentati dalla folta schiera degli agiografi di Francesco come dei "maestri" per Francesco:

> «Poi, come vero amante dell'umiltà perfetta, il santo si recò tra i lebbrosi e viveva con essi, per servirli in tutto per amor di Dio. Lavava le parti putrefatte e tergeva anche il sangue corrotto delle piaghe ulcerose, come egli stesso dice nel suo *Testamento*: "*Quando ero nei peccati mi sembrava cosa troppo amara vedere i lebbrosi, e il Signore stesso mi condusse tra loro e usai con essi misericordia*"» (*1Cel* 7,17: FF 348).

Nel Medioevo il concetto stesso di povertà aveva una forte coloritura religiosa, che oscillava dal sentimento di benevolenza a quello del timore. Si giungeva facilmente alla colpevolizzazione: la povertà era colta come il risultato delle scelte sbagliate da parte del mendicante stesso. Povero era il debole, colui che non aveva potere, che non aveva voce in capitolo: pellegrini, umili, orfani, vedove, esiliati, prigionieri, anziani, ammalati, infermi, ignoranti, semplici, lebbrosi...

[3] **Usare misericordia.** L'*usare misericordia* (il *facere misercordiam*) fu riletto dagli agiografi del santo come un aspetto penitenziale, il disprezzo di sé, una mortificazione; ma leggendo il *Testamento* di Francesco troviamo ben altro. Francesco rilegge l'incontro con i lebbrosi attraverso il filtro della parabola del buon samaritano, il quale, dopo il «vedere» infastidito del sacerdote e del levita, passando accanto al ferito «usò misericordia con lui». La sua è un'esperienza evangelica e l'intera persona di Francesco, compreso «frate corpo» (*2Cel* 211: FF 800), incomincia a fare esperienza del Dio che è «tutta la nostra dolcezza» come troviamo nelle *Lodi di Dio Altissimo*:

«Tu sei la nostra speranza, Tu sei la nostra fede,
Tu sei la nostra carità, Tu sei tutta la nostra *dolcezza*,
Tu sei la nostra vita eterna
grande e ammirabile Signore,
Dio onnipotente, misericordioso Salvatore» (*LodAl* 7: FF 261).

Nel testo la *dolcezza* è situata dopo le tre virtù teologali di *1Cor* 13,13: «*Ora dunque rimangono queste tre cose: la fede, la speranza e la carità. Ma la più grande di tutte è la carità!*». Esse hanno Dio per oggetto, orientano a Dio, sono infuse da Dio e attuano un'unione partecipata nei confronti di Dio: l'uomo si congiunge a Dio come conosciuto, amato, atteso. Il cristiano inizia a vedere Dio per mezzo della fede (un anticipo di ciò che sarà compiuto perfettamente nella vita futura) e vive proteso a quel Dio che vedrà perfettamente perché lo *pregusta* nel presente. Nella *fede* Dio è presente come conosciuto, nella *speranza* come atteso, nella *carità* come amato: se non avessimo le virtù, Dio sarebbe comunque in noi, ma non ne *parteciperemmo*.

Francesco si lascia trasformare nell'intimo da questa partecipazione gustando da subito la *dolcezza*, la beatitudine e la bellezza di una vita eterna.

Anche *frate corpo* (come tutte le creature e la creazione stessa) per Francesco trova significato, salute/salvezza e *dolcezza* solo aprendosi ai misteri futuri, abbandonando lo *spirito della carne*. Francesco conclude così il suo canto con la lode a Dio *grande e ammirabile* in se stesso, *onnipotente* nella sua creazione, *misericordioso* nell'opera di salvezza.

[4] *Eb* 12,2.

[5] Cfr. *2Cor* 4,16-5,5.

[6] Cfr. *1Ts* 1,3; *1Cor* 13,13.

[7] *Eb* 11,10.

[8] *Rm* 5,5.

Francesco
e sorella madre terra[1]

«Laudato si', mi' Signore» cantava san Francesco d'Assisi. In questo bel cantico[2], ci ricordava che la nostra casa comune è anche come una sorella, con la quale condividiamo l'esistenza, e come una madre bella che ci accoglie tra le sue braccia: «Laudato si', mi' Signore, per sora nostra matre terra, la quale ne sustenta et governa, et produce diversi fructi con coloriti flori et herba».

Questa sorella protesta per il male che le provochiamo, a causa dell'uso irresponsabile e dell'abuso dei beni che Dio ha posto in lei. Siamo cresciuti pensando che eravamo suoi proprietari e dominatori, autorizzati a saccheggiarla. La violenza che c'è nel cuore umano ferito dal peccato si manifesta anche nei sintomi di malattia che avvertiamo nel suolo, nell'acqua, nell'aria e negli esseri viventi. Per questo, fra i poveri più abbandonati e maltrattati, c'è la nostra oppressa e devastata terra, che «geme e soffre le doglie del parto»[3]. Dimentichiamo che noi stessi siamo terra[4]. Il nostro stesso corpo è costituito dagli elementi del pianeta, la sua aria è quella che ci dà il respiro e la sua acqua ci vivifica e ristora.

Per saperne di più

[1] Lettera enciclica *Laudato si'* del Santo Padre Francesco sulla cura della casa comune, solennità di Pentecoste, 24 maggio 2015.

[2] **Il Cantico di frate Sole.** La bella lauda francescana in volgare italico è stata composta in gran parte tra l'inverno e la primavera del 1225, quando frate Francesco alloggiava in una celletta di stuoie presso San Damiano. Era tanto gravato dalla malattia agli occhi e da altri tormenti fisici da sentire messa a dura prova la sua stessa capacità di sopportazione.

«Una notte, riflettendo il beato Francesco alle tante tribolazioni che aveva, fu mosso a pietà verso se stesso e disse in cuor suo: "Signore, vieni in soccorso alle mie infermità, affinché io sia capace di sopportarle con pazienza!". E subito gli fu detto in spirito: "Fratello, dimmi: se uno, in compenso delle tue malattie e sofferenze, ti donasse un grande prezioso tesoro, come se tutta la terra fosse oro puro e tutte le pietre fossero pietre preziose e l'acqua fosse tutta balsamo: non considereresti tu tutte queste tribolazioni come un niente, come cose materiali, terra, pietre e acqua, a paragone del grande e prezioso tesoro che ti verrebbe dato? Non ne saresti molto felice?". Rispose il beato Francesco: "Signore, questo sarebbe un tesoro veramente grande e inestimabile, prezioso e amabile e desiderabile". E gli disse: "Allora, fratello, rallegrati e giubila pienamente nelle tue infermità e tribolazioni; d'ora in poi vivi nella serenità, come tu fossi già nel mio regno"» (*CAss* 83: FF 1614).

Nelle biografie dei santi questo ed episodi simili sono definiti *certificatio,* l'assicurazione divina della salvezza: dono altissimo per Francesco, conferma esplicita da parte di Dio del «Tau» di salvezza impresso con le stimmate nel suo corpo. Al mattino Francesco comunica ai compagni la grande gioia per la promessa ricevuta, e la sua gratitudine assume la forma della lode universale:

«Voglio quindi, a lode di lui e a mia consolazione e per edificazione del prossimo, comporre una nuova lauda del Signore riguardo alle sue creature. Ogni giorno usiamo delle creature e senza di loro non possiamo vivere, e in esse il genere umano molto offende il Creatore. E ogni giorno ci mostriamo ingrati per questo grande beneficio, e non ne diamo lode come dovremmo, al nostro Creatore e datore di ogni bene» (*CAss* 83: FF 1615).

Il *Cantico* è quindi, principalmente, una preghiera di lode pensata da Francesco in forma di "azione liturgica", un atto di culto solenne e universale, al quale l'intera creazione e l'umanità sono invitate a partecipare pienamente. Inoltre qui rivela la sua natura apostolica. Francesco pensa e detta il *Cantico* nella lingua materna per lodare il Signore, ricevere consolazione ed edificare il prossimo.

«E sulle laudi compose la melodia, e le insegnò ai compagni perché le cantassero. Infatti il suo spirito si trovava allora in tanta dolcezza e consolazione, che voleva mandare frate Pacifico – il quale era soprannominato "re dei versi" e fu raffinatissimo maestro di canto – e assegnarli alcuni frati buoni e spirituali, perché andassero per il mondo a predicare e lodare Dio» (*CAss* 83: FF 1615).

Dopo la predica di uno di loro, esperto nella predicazione, i frati dovevano cantare insieme le laudi come giullari. Alla fine il predicatore avrebbe detto al popolo presente che l'unica ricompensa richiesta per lo spettacolo era che tutti vivessero nella vera penitenza. I servi/giullari di Dio dovevano muovere il cuore degli uomini e sollevarlo alla gioia spirituale. Era una nuova metodologia apostolica a servizio della pace vera, donata a coloro che erano pronti a pentirsi e a cambiare vita.

Papa Francesco, in più, ricorda che oggi il cambiamento dello stile di vita personale e collettivo è necessario per continuare non solo a vivere spiritualmente, ma anche a sopravvivere fisicamente sulla terra.

[3] *Rm* 8,22.

[4] Cfr. *Gen* 2,7.

Francesco,
contro l'indifferenza[1]

In questo incontro avete parlato anche di pace ed ecologia. È logico: non ci può essere terra, non ci può essere casa, non ci può essere lavoro se non abbiamo pace e se distruggiamo il pianeta. Sono temi così importanti che i popoli e le loro organizzazioni di base non possono non affrontare. Non possono restare solo nelle mani dei dirigenti politici. Tutti i popoli della terra, tutti gli uomini e le donne di buona volontà, tutti dobbiamo alzare la voce in difesa di questi due preziosi doni: la pace e la natura. La sorella madre terra come la chiamava san Francesco d'Assisi.

Poco fa ho detto, e lo ripeto, che stiamo vivendo la terza guerra mondiale, ma a pezzi. Ci sono sistemi economici che per sopravvivere devono fare la guerra. Allora si fabbricano e si vendono armi e così i bilanci delle economie che sacrificano l'uomo ai piedi dell'idolo del denaro ovviamente vengono sanati. E non si pensa ai bambini affamati nei campi profughi, non si pensa ai dislocamenti forzati, non si pensa alle case distrutte, non si pensa neppure a tante vite spezzate. Quanta sofferenza, quanta distruzione, quanto dolore! Oggi, care sorelle e cari fratelli, si leva in ogni parte della terra, in ogni popolo, in ogni cuore e nei movimenti popolari, il grido della pace: Mai più la guerra!
[...]
Parliamo di terra, di lavoro, di casa. Parliamo di lavorare per la pace e di prendersi cura della natura. Ma perché allora ci abituiamo a vedere come si distrugge il lavoro dignitoso, si sfrattano tante famiglie, si cacciano i contadini, si fa la guerra e si abusa della natura? Perché in questo sistema l'uomo, la persona umana è stata tolta dal centro ed è stata sostituita da un'altra cosa. Perché

si rende un culto idolatrico al denaro. Perché si è globalizzata l'indifferenza[2]! Si è globalizzata l'indifferenza: cosa importa a me di quello che succede agli altri finché difendo ciò che è mio? Perché il mondo si è dimenticato di Dio, che è Padre[3]; è diventato orfano perché ha accantonato Dio.

Per saperne di più

[1] *Discorso del Santo Padre Francesco* ai partecipanti all'Incontro mondiale dei movimenti popolari, Aula vecchia del Sinodo, 28 ottobre 2014.

[2] **Indifferenza ed elemosina.** Per san Francesco, rimedio contro l'indifferenza (che Papa Francesco vede ormai tristemente globalizzata) è l'elemosina. Nei versetti seguenti, tratti dalla *Regola non bollata*, s'intravede il suo pensiero teologico di fondo: il peccato dell'ingordigia umana ha escluso i poveri dalla mensa provvidenziale imbandita da *sora nostra madre terra* che invece procura il sostentamento per tutti.

«E l'elemosina è l'eredità e la giustizia che è dovuta ai poveri; l'ha acquistata per noi il Signore nostro Gesù Cristo. E i frati che si affaticano per procurarla avranno una grande ricompensa e la fanno guadagnare e acquistare a quelli che fanno elemosina; poiché tutte le cose che gli uomini lasceranno nel mondo, periranno, ma della carità e delle elemosine che hanno fatto, riceveranno il premio dal Signore» (*Rnb* 9, 8-9: FF 31).

Il Verbo del Padre, fattosi uomo e povero per amore, riceve in elemosina *ciò che è già suo* per diritto divino, riaffermando così il diritto di tutti i poveri a partecipare alla mensa del Signore (cfr. *2Test* 22: FF 120), quella che «il grande Elemosiniere» vuole aperta «a tutti, degni e indegni» (*2Cel* 77: FF 665).

Tutto perirà ma non la carità e le elemosine, e coloro che le avranno procurate ai poveri riceveranno il premio dal Signore.

[3] **Dio Padre santo e giusto.** Per Francesco Dio Padre è santo e giusto. Inoltre, egli sottolinea che il *Padre* è *Signore Re del cielo e della terra*, e nelle opere esterne (*ad extra*), agisce in unità con le altre persone divine.

«Onnipotente, santissimo, altissimo e sommo Dio, *Padre santo* e giusto, *Signore Re del cielo e della terra*, per te stesso ti rendiamo grazie, perché per la tua santa volontà e per il tuo Figlio unigenito con lo Spirito Santo hai creato tutte le cose spirituali e corporali, e noi fatti *a tua immagine e somiglianza hai posto in paradiso*. E noi per colpa nostra siamo caduti» (*Rnb* 23,1: FF 63).

Come Dio è comunione interpersonale di essere, verità e amore, così la condizione "celeste" di angeli e beati è un dono di *gloria*, nella quale il *conoscere* sta al primo posto, e dal conoscere nasce l'*amore*, dall'amore l'*inabitazione divina* e la *beatitudine* senza fine.

Francesco
e la misericordia di Dio[1]

C'è un'idea forte che mi ha colpito, pensando all'eredità di san Celestino V[2]. Lui, come san Francesco d'Assisi, ha avuto un senso fortissimo della misericordia di Dio, e del fatto che la misericordia di Dio rinnova il mondo.

Pietro del Morrone, come Francesco d'Assisi, conoscevano bene la società del loro tempo, con le sue grandi povertà[3]. Erano molto vicini alla gente, al popolo. Avevano la stessa compassione di Gesù verso tante persone affaticate e oppresse; ma non si limitavano a dispensare buoni consigli, o pietose consolazioni. Loro per primi hanno fatto una scelta di vita controcorrente, hanno scelto di affidarsi alla provvidenza del Padre, non solo come ascesi personale, ma come testimonianza profetica di una paternità e di una fraternità, che sono il messaggio del Vangelo di Gesù Cristo.

E sempre mi colpisce che con questa loro compassione forte per la gente, questi santi hanno sentito il bisogno di dare al popolo la cosa più grande, la ricchezza più grande: la misericordia del Padre, il perdono. «Rimetti a noi i nostri debiti, come noi li rimettiamo ai nostri debitori». In queste parole del Padre nostro c'è tutto un progetto di vita, basato sulla misericordia[4]. La misericordia, l'indulgenza, la remissione dei debiti, non è solo qualcosa di devozionale, di intimo, un palliativo spirituale, una sorta di olio che ci aiuta a essere più soavi, più buoni: no. È la profezia di un mondo nuovo: misericordia è profezia di un mondo nuovo, in cui i beni della terra e del lavoro siano equamente distribuiti e nessuno sia privo del necessario, perché la solidarietà e la condivisione sono la conseguenza concreta della fraternità. Questi due santi hanno dato l'esempio. Loro sapevano che, come chierici – uno era diacono[5], l'altro vescovo, vescovo di Roma – come chierici, tutti e due dovevano dare l'esempio di povertà, di misericordia e di spogliamento totale di sé stessi.

Ecco allora il senso di una nuova cittadinanza, che sentiamo fortemente qui, in questa piazza davanti alla cattedrale, da dove ci parla la memoria di san Pietro del Morrone Celestino V. Ecco il senso attualissimo dell'anno giubilare, di quest'anno giubilare celestiniano, che da questo momento dichiaro aperto, e durante il quale sarà spalancata per tutti la porta della divina misericordia. Non è una fuga, non è un'evasione dalla realtà e dai suoi problemi, è la risposta che viene dal Vangelo: l'amore come forza di purificazione delle coscienze, forza di rinnovamento dei rapporti sociali, forza di progettazione per un'economia diversa, che pone al centro la persona, il lavoro, la famiglia, piuttosto che il denaro e il profitto.

Siamo tutti consapevoli che questa strada non è quella del mondo; non siamo dei sognatori, degli illusi, né vogliamo creare oasi fuori dal mondo. Crediamo piuttosto che questa strada è quella buona per tutti, è la strada che veramente ci avvicina alla giustizia e alla pace. Ma sappiamo anche che siamo peccatori, che noi per primi siamo sempre tentati di non seguire questa strada e di conformarci alla mentalità del mondo, alla mentalità del potere, alla mentalità delle ricchezze. Perciò ci affidiamo alla misericordia di Dio, e ci impegniamo a compiere con la sua grazia frutti di conversione e opere di misericordia. Queste due cose: convertirsi e fare opere di misericordia. Questo è il motivo conduttore di quest'anno, di quest'anno giubilare celestiniano. Ci accompagni e ci sostenga sempre in questo cammino la Vergine Maria, Madre di misericordia.

Per saperne di più

[1] Incontro con la cittadinanza e indizione dell'anno giubilare celestiniano, *Discorso del Santo Padre Francesco*, piazza della cattedrale, Isernia, 5 luglio 2014.

[2] **Pietro del Morrone.** Pietro del Morrone (1210 - Rovva di Fumone 19 maggio 1296) fu sacerdote e condusse vita eremitica. Diede vita all'ordine dei Fratelli dello Spirito Santo (denominati poi "celestini"), approvato da Urbano IV, e fondò vari eremi. Eletto Papa quasi ottantenne, dopo due anni di conclave, prese il nome di Celestino V. Uomo santo e pio, si trovò di fronte a interessi politici ed economici e a ingerenze anche di Carlo d'Angiò. Accortosi delle manovre legate alla sua persona, rinunciò alla carica (Papa dal 29 agosto 1294 al 13 dicembre 1294). Morì poco dopo, costretto all'isolamento nel castello di Fumone.

[3] **I frati e i poveri.** I frati davano tutto ai poveri (e per la prima fraternità non è indifferente questa destinazione dei beni) per ricevere la vita secondo la forma del santo Vangelo. Il tratto dominante era la preghiera liturgica, l'eucaristia e la celebrazione dell'ufficio divino, da cui Francesco trae molte espressioni per la sua preghiera personale. La scelta di Francesco è seguire il Signore, vivere del Vangelo: anche nell'ambito sociale sceglie di stare con i suoi frati sottomessi a tutti, alla base di una società fortemente gerarchizzata. Il primo protagonista rimane sempre il Signore con la sua grazia, con la sua mensa (l'*elemosina*). Dopo aver ascoltato la sua voce, è necessario ogni giorno, per Francesco, ricominciare a "fare penitenza", perseverare nell'amore, lavorando con umiltà, vivendo nella povertà, annunciando la pace. Rimanendo povero tra i poveri, frate con i frati. Anche se, nell'ultima parte della vita, Francesco si sente progressivamente emarginato da una fraternità troppo cresciuta di numero, di cultura, di progetti operativi, egli sceglie di percorrere con il Signore crocifisso la via dell'amore sofferto pazientemente fino al dono della vita, *piuttosto che volersi separare dai suoi fratelli* (cfr. *Am* 3,9: FF 150).

[4] **Il Padre misericordioso.** Nella preghiera di Francesco *Orazione sul Padre nostro* troviamo queste parole:

> «O santissimo *Padre nostro*: creatore, redentore, consolatore e salvatore nostro.
> *Che sei nei cieli*: negli angeli e nei santi, e li illumini alla conoscenza, perché tu, Signore, sei luce; li infiammi all'amore, perché tu, Signore, sei amore; poni in loro la tua dimora e li riempi di beatitudine, perché tu, Signore, sei il sommo bene, eterno bene, dal quale proviene ogni bene e senza il quale non esiste alcun bene» (*Pater* 1-2: FF 266-267).

La pace è vera se proviene dal Cielo. Il Signore, che è nei cieli, pone negli angeli e nei santi la sua dimora, riempiendo di beatitudine, di una letizia e una serenità che rallegra e pacifica lo spirito. Pregare il *Padre nostro* significa invocare il Dio-Amore trinitario, *che ci ha creati, redenti e ci salverà per sua sola misericordia.*

«Tutti amiamo *con tutto il cuore, con tutta l'anima, con tutta la mente, con tutta la capacità e la fortezza,* con tutta l'intelligenza, *con tutte le forze,* con tutto lo slancio, tutto l'affetto, tutti i sentimenti più profondi, tutti i desideri e le volontà il *Signore Iddio,* il quale a tutti noi ha dato e dà tutto il corpo, tutta l'anima e tutta la vita; che ci ha creati, redenti, e ci salverà per sua sola misericordia; lui che ogni bene fece e fa a noi miserevoli e miseri, putridi e fetidi, ingrati e cattivi» (*Rnb* 23,8: FF 69).

[5] **Francesco, diacono.** Ricordiamo come nella notte di Natale a Greccio, Francesco, raggiante di letizia, visse la liturgia del santo Natale da diacono, nutrendosi dell'eucaristia, della proclamazione del Vangelo e del canto di lode con l'assemblea dei fedeli.

«Francesco si veste da levita, perché era diacono, e canta con voce sonora il santo Vangelo: quella voce forte e dolce, limpida e sonora è un invito per tutti a pensare alla suprema ricompensa» (*1Cel* 86: FF 470).

Scriveva Celano, introducendo l'episodio del presepio di Greccio:

«La sua aspirazione più alta, il suo desiderio dominante, la sua volontà più ferma era di osservare perfettamente e sempre il santo Vangelo e di imitare fedelmente con tutta la vigilanza, con tutto l'impegno, con tutto lo slancio dell'anima e il fervore del cuore l'insegnamento del Signore nostro Gesù Cristo e di imitarne le orme. Meditava continuamente le sue parole e con acutissima attenzione non ne perdeva mai di vista le opere. Ma soprattutto l'umiltà dell'incarnazione e la carità della Passione aveva impresse così profondamente nella sua memoria, che difficilmente voleva pensare ad altro» (*1Cel* 84: FF 466-467).

Francesco
e lo Spirito del Signore[1]

Oggi vorrei mettere in luce un altro dono dello Spirito Santo[2], il dono della scienza. Quando si parla di scienza, il pensiero va immediatamente alla capacità dell'uomo di conoscere sempre meglio la realtà che lo circonda e di scoprire le leggi che regolano la natura e l'universo. La scienza che viene dallo Spirito Santo, però, non si limita alla conoscenza umana: è un dono speciale, che ci porta a cogliere, attraverso il creato, la grandezza e l'amore di Dio e la sua relazione profonda con ogni creatura.

Quando i nostri occhi sono illuminati dallo Spirito, si aprono alla contemplazione di Dio, nella bellezza della natura e nella grandiosità del cosmo, e ci portano a scoprire come ogni cosa ci parla di lui e del suo amore. Tutto questo suscita in noi grande stupore e un profondo senso di gratitudine! È la sensazione che proviamo anche quando ammiriamo un'opera d'arte o qualsiasi meraviglia che sia frutto dell'ingegno e della creatività dell'uomo: di fronte a tutto questo, lo Spirito ci porta a lodare il Signore dal profondo del nostro cuore e a riconoscere, in tutto ciò che abbiamo e siamo, un dono inestimabile di Dio e un segno del suo infinito amore per noi.

[…]

Tutto questo è motivo di serenità e di pace e fa del cristiano un testimone gioioso di Dio, sulla scia di san Francesco d'Assisi e di tanti santi che hanno saputo lodare e cantare il suo amore attraverso la contemplazione del creato[3]. Allo stesso tempo, però, il dono della scienza ci aiuta a non cadere in alcuni atteggiamenti eccessivi o sbagliati. Il primo è costituito dal rischio di considerarci padroni del creato. Il creato non è una proprietà, di cui possiamo spadroneggiare a nostro piacimento; né, tanto meno, è una proprietà solo di alcuni, di pochi: il creato è un dono, è un dono meraviglioso che Dio ci ha dato, perché ne abbiamo cura e lo utilizziamo a beneficio di tutti, sempre con grande rispetto e gratitudine. Il secondo atteggiamento sbagliato è rappresentato dalla tentazione di fermarci alle creature, come se queste possano offrire la risposta a tutte le nostre attese. Con il dono della scienza, lo Spirito ci aiuta a non cadere in questo sbaglio.

[...]

Una volta ero in campagna e ho sentito un detto da una persona semplice, alla quale piacevano tanto i fiori e li custodiva. Mi ha detto: «Dobbiamo custodire queste cose belle che Dio ci ha dato; il creato è per noi affinché ne profittiamo bene; non sfruttarlo, ma custodirlo, perché Dio perdona sempre, noi uomini perdoniamo alcune volte, ma il creato non perdona mai e se tu non lo custodisci lui ti distruggerà».

Questo deve farci pensare e deve farci chiedere allo Spirito Santo il dono della scienza per capire bene che il creato è il più bel regalo di Dio. Egli ha fatto tante cose buone per la cosa più buona che è la persona umana.

Per saperne di più

[1] Papa Francesco, *Udienza generale*, piazza San Pietro, 21 maggio 2014.

[2] **Lo spirito del Signore.** Il Papa riprende un tema affrontato più volte negli scritti di Francesco, quello dello spirito.

San Francesco richiama tutti a guardarsi dalla superbia, dalla vanagloria, dalla sapienza del mondo e dalla prudenza della carne:

> «Lo spirito della carne, infatti, vuole e si preoccupa molto di possedere parole, ma poco di attuarle, e cerca non la religiosità e la santità interiore dello spirito, ma vuole e desidera avere una religiosità e una santità che appaia al di fuori agli uomini» (*Rnb* 17,11-12: FF 48).

Egli esorta i frati, in alternativa a tali atteggiamenti, ad avere lo *spirito del Signore* e a cercare la *vera pace dello spirito*.

> «Lo spirito del Signore invece vuole che la carne sia mortificata e disprezzata, vile e abietta e obbrobriosa. E ricerca l'umiltà e la pazienza, la pura semplicità e la vera pace dello spirito. E sempre desidera sopra ogni cosa il divino timore e la divina sapienza e il divino amore del Padre e del Figlio e dello Spirito Santo» (*Rnb* 17,14-16: FF 48).

Se ci soffermiamo sui tre verbi *volere, preoccuparsi di, desiderare* notiamo come siano utilizzati sia per lo spirito della carne, sia per lo spirito del Signore.

Come risulta dai testi, ognuno dei due *spiriti* presiede, coordina e finalizza le attività dell'uomo, incidendo su campi di azioni diverse:

spirito del Signore	spirito della carne
vuole	vuole e si preoccupa
e ricerca	e cerca
e desidera	ma vuole e desidera

Il verbo *volere*, ripetuto per ben due volte quando Francesco si riferisce alla carne, manifesta sia la prepotenza della carne, sia la fermezza dello spirito nel contrapporsi a ciò che non è di Dio. È sul terreno del *volere* che si manifesta la radice dell'incomponibile contrapposizione (cfr. anche le «voglie della carne» in *Salvir* 14: FF 258).

I verbi *preoccuparsi di* e *ricercare* nel testo sono equivalenti: dipendono entrambi dalla volontà oggettiva insita nello spirito e nella carne.

Il verbo *desiderare* manifesta le conseguenze più profonde del seguire la volontà dello spirito del Signore o del seguire la volontà della carne. Il desiderio radicato nell'uomo manifesta l'orientamento definitivo, la vera sapienza dell'uomo. Quanti seguono la volontà dello spirito del Signore, desiderano «il divino timore e la divina sapienza e il divino amore del Padre e del figlio e dello Spirito Santo»; mentre gli uomini che seguono lo spirito della carne, vogliono e desiderano «una religiosità e una santità che appaia al di fuori agli uomini». Gli uni sono aperti, come orizzonte ultimo, alla vita trinitaria; gli altri alla vanagloria di sé stessi, al consenso degli uomini.

Lo scontro è evidente e pervade tutta la vita dell'uomo: uno scontro presente sia nella radice (*volontà diverse*), sia nei mezzi (*opere diverse*), sia nelle conclusioni (*orizzonti diversi*).

Tale opposizione si può comporre solo mediante una vittoria dello spirito del Signore sullo spirito della carne: «lo spirito del Signore invece vuole che la carne sia mortificata e disprezzata, vile e abietta e obbrobriosa» allo scopo di poterla redimere e permetterle di essere tempio della Trinità. La via è quella della sequela di Cristo: l'esortazione a guardarsi da ogni superbia e vanagloria e a diffidare della sapienza di questo mondo richiama il tema paolino di Gesù *stoltezza di Dio* in opposizione alla *sapienza* della carne. In particolare, Francesco richiama i frati a seguire Gesù sulla via della croce: «umiliare sé stessi»; «sostenere ogni genere di angustie e tribolazioni dell'anima e del corpo». «Carne mortificata, disprezzata, vile, abietta, obbrobriosa» è inoltre una terminologia che richiama immediatamente alla memoria la Passione e la figura del Servo di Yahweh.

Gesù è via al Padre, via maestra del cammino penitenziale cristiano che conduce alla salute/salvezza e alla pace.

[3] **La lode del Signore per mezzo delle creature.** L'uomo redento entra nella liturgia universale con la "lode" del perdono e della croce portata per amore. Il *Cantico* è pensato come una grande "azione liturgica", nella quale l'intera creazione si associa all'uomo per innalzare la lode al Creatore: come nel creato, ogni creatura è se stessa ma anche l'immagine e la voce del Creatore.

Sullo sfondo si delinea il modello biblico dei salmi di lode e del *Cantico dei tre fanciulli* (cfr. *Dn* 3,52-90, testo richiamato esplicitamente da *1Cel* 80: FF 356), che negli scritti di Francesco era già riecheggiato nella *Esortazione alla lode di Dio*, nelle *Lodi per ogni ora* e in qualche salmo dell'*Ufficio della Passione del Signore* (in particolare nel *salmo* VII e nel XV), ma con questa significativa differenza: quelle laudi latine sono confezionate, in massima parte, con materiali ripresi dai testi biblici, mentre il *Cantico*, in volgare, lascia intravedere i suoi modelli solo di lontano ed esclude i prestiti letterali. Inoltre esprime con parole nuove sia il rapporto di paternità-figliolanza che intercorre fra Dio e le sue opere, sia il legame vicendevole che stringe fra loro le creature "sorelle", nate dallo stesso Padre.

Francesco e la beatitudine dei poveri in spirito[1]

San Francesco d'Assisi ha compreso molto bene il segreto della beatitudine dei poveri in spirito[2]. Infatti, quando Gesù gli parlò nella persona del lebbroso e nel crocifisso[3], egli riconobbe la grandezza di Dio e la propria condizione di umiltà. Nella sua preghiera il poverello passava ore a domandare al Signore: «Chi sei tu? Chi sono io?»[4]. Si spogliò di una vita agiata e spensierata per sposare "Madonna povertà", per imitare Gesù e seguire il Vangelo alla lettera. Francesco ha vissuto l'imitazione di Cristo povero e l'amore per i poveri in modo inscindibile, come le due facce di una stessa medaglia.

Voi dunque mi potreste domandare: come possiamo concretamente far sì che questa povertà in spirito si trasformi in stile di vita, incida concretamente nella nostra esistenza? Vi rispondo in tre punti.

Prima di tutto cercate di essere liberi nei confronti delle cose. Il Signore ci chiama a uno stile di vita evangelico segnato dalla sobrietà, a non cedere alla cultura del consumo. Si tratta di cercare l'essenzialità, di imparare a spogliarci di tante cose superflue e inutili che ci soffocano. Distacchiamoci dalla brama di avere, dal denaro idolatrato e poi sprecato. Mettiamo Gesù al primo posto. [...]

In secondo luogo, per vivere questa beatitudine abbiamo tutti bisogno di conversione per quanto riguarda i poveri. Dobbiamo prenderci cura di loro, essere sensibili alle loro necessità spirituali e materiali. [...] Non riempiamoci la bocca di belle parole sui poveri! Incontriamoli, guardiamoli negli occhi, ascoltiamoli. I poveri sono per noi un'occasione concreta di incontrare Cristo stesso, di toccare la sua carne sofferente.

Ma – e questo è il terzo punto – i poveri non sono soltanto persone alle quali possiamo dare qualcosa. Anche loro hanno tanto da offrirci, da insegnarci. Abbiamo tanto da imparare dalla saggezza dei poveri! [...] Nella parabola del fariseo e del pubblicano[5], Gesù presenta quest'ultimo come modello perché è umile e si riconosce peccatore. Anche la vedova che getta due piccole monete nel tesoro del tempio è esempio della generosità di chi, anche avendo poco o nulla, dona tutto[6].

Per saperne di più

[1] Messaggio del Santo Padre Francesco per la XXIX Giornata mondiale della gioventù 2014, «Beati i poveri in spirito, perché di essi è il regno dei cieli» (*Mt* 5,3).

[2] **Beati i poveri in spirito.**

«Beati i poveri in spirito, perché di essi è il regno dei cieli.

Ci sono molti che applicandosi insistentemente a preghiere e occupazioni, fanno molte astinenze e mortificazioni corporali, ma per una sola parola che sembri ingiuria verso la loro persona, o per qualche cosa che venga loro tolta, scandalizzati, subito si irritano. Questi non sono poveri in spirito, poiché chi è veramente povero in spirito *odia se stesso* e ama quelli che lo percuotono sulla guancia» (cfr. *Mt* 5,39; *Ammonizione* XIV: FF 163).

Frate Francesco sottolinea l'irritazione di chi è *ricco di sé* di fronte a un furto o a qualche ingiuria, e mostra come sia impossibile, per chi non possiede l'essenziale, riuscire a mantenersi anche solo esteriormente nella pace (questa *Ammonizione* precede infatti ed è legata a quella sulla *pace*). Si mantiene e si conserva la pace quando si mantiene e si conserva lo *spirito del Signore*: perciò Francesco invita i suoi frati a eliminare l'orgoglio, a stimarsi minori e ad amare. Nei momenti in cui ci si aspetta soddisfazione, si deve mantenere la *pazienza* anche se nella contrarietà, senza mai irritarsi.
In sintesi: odiare sé stessi e amare il nemico.

[3] **Cristo povero e crocifisso.** Papa Francesco ricorda un periodo particolare della vita di san Francesco. Siamo tra il 1204-1206, quando comincia la "conversione" di Francesco: avvengono una visione misteriosa di Spoleto, l'incontro con i lebbrosi e la preghiera insistente a San Damiano. È di questo periodo la *Preghiera davanti al crocifisso* (inizi 1206; *PCr* 1-5: FF 276).
La spiritualità francescana rimane fortemente legata alla figura di Francesco e alla sua esperienza personale di Dio Padre, raggiunto attraverso il Cristo povero e crocifisso, nello spirito. Il cristocentrismo francescano è un cristocentrismo trinitario che dà molto spazio all'*avere lo spirito del Signore*: è riconosciuto un ruolo privilegiato allo spirito del Signore per camminare alla sequela di Cristo e giungere così alla comunione con il Padre.
Per un approfondimento sull'«avere lo spirito del Signore» negli scritti di Francesco si veda il testo di fra Cesare Vaiani *La via di Francesco. Una sintesi della spiritualità francescana a partire dagli Scritti di san Francesco*, Edizioni Biblioteca Francescana, Milano 1994.

[4] **La preghiera prima delle stimmate.** Il Papa cita il passo dei *Fioretti di san Francesco* dedicato al racconto delle stimmate, in particolare al primo tempo della grande azione mistica: *la preghiera*.

> «[...] e finalmente egli [frate Lione] udì la voce di santo Francesco e, appressandosi, il vide stare ginocchioni in orazione con la faccia e con le mani levate al cielo, e in fervore di spirito sì dicea: "Chi se' tu, o dolcissimo Iddio mio? Che sono io, vilissimo vermine e disutile servo tuo?". E queste medesime parole pure ripetea, e non dicea niuna altra cosa. Per la qual cosa frate Lione forte maravigliandosi di ciò, levò gli occhi e guatò in cielo, e guatando sì vide venire dal cielo una fiaccola di fuoco bellissima e splendentissima, la quale discendendo si posò in capo di santo Francesco» (*Fior:* FF 1915).

[5] *Lc* 18,9-14.

[6] *Lc* 21,1-4.

Francesco e Chiara[1]

C ari fratelli, oggi nella Chiesa facciamo memoria di santa Chiara di Assisi[2], che sulle orme di Francesco lasciò tutto per consacrarsi a Cristo nella povertà. Santa Chiara ci dà una testimonianza molto bella del Vangelo di oggi[3], che ci parla del desiderio dell'incontro definitivo con Cristo, un desiderio che ci fa stare sempre pronti, con lo spirito sveglio, perché aspettiamo questo incontro con tutto il cuore, con tutto noi stessi. Questo è un aspetto fondamentale della vita. C'è un desiderio che tutti noi, sia esplicito sia nascosto, abbiamo nel cuore, tutti noi abbiamo questo desiderio nel cuore.

Anche questo insegnamento di Gesù è importante vederlo nel contesto concreto, esistenziale in cui lui lo ha trasmesso. In questo caso, l'evangelista Luca ci mostra Gesù che sta camminando con i suoi discepoli verso Gerusalemme, verso la sua Pasqua di morte e risurrezione, e in questo cammino li educa confidando loro quello che lui stesso porta nel cuore, gli atteggiamenti profondi del suo animo. Tra questi atteggiamenti vi sono il distacco dai beni terreni, la fiducia nella provvidenza del Padre e, appunto, la vigilanza interiore, l'attesa operosa del Regno di Dio. Per Gesù è l'attesa del ritorno alla casa del Padre. Per noi è l'attesa di Cristo stesso, che verrà a prenderci per portarci alla festa senza fine, come ha già fatto con sua Madre Maria Santissima: l'ha portata al Cielo con lui.

Questo Vangelo vuole dirci che il cristiano è uno che porta dentro di sé un desiderio grande, un desiderio profondo: quello di incontrarsi con il suo Signore insieme ai fratelli, ai compagni di strada. E tutto questo che Gesù ci dice si riassume in un famoso detto di Gesù: «Dov'è il vostro tesoro, là sarà anche il vostro cuore»[4]. Il cuore che desidera. Ma tutti noi abbiamo un desiderio. La povera gente è quella che non ha desiderio; il desiderio di andare avanti, verso l'orizzonte; e per noi cristiani questo orizzonte è l'incontro con Gesù, l'incontro proprio con lui, che è la nostra vita, la nostra gioia, quello che ci fa felici. [...]

Questo è il vero tesoro dell'uomo. Andare avanti nella vita con amore, con quell'amore che il Signore ha seminato nel cuore, con l'amore di Dio. E questo è il vero tesoro. Ma l'amore di Dio cosa è? Non è qualcosa di vago, un sentimento generico. L'amore di Dio ha un nome e un volto: Gesù Cristo, Gesù. L'amore di Dio si manifesta in Gesù. Perché noi non possiamo amare l'aria... Amiamo l'aria? Amiamo il tutto? No, non si può, amiamo persone, e la persona che noi amiamo è Gesù, il dono del Padre fra noi. È un amore che dà valore e bellezza a tutto il resto; un amore che dà forza alla famiglia, al lavoro, allo studio, all'amicizia, all'arte, a ogni attività umana. E dà senso anche alle esperienze negative, perché ci permette, questo amore, di andare oltre queste esperienze, di andare oltre, non rimanere prigionieri del male, ma ci fa passare oltre, ci apre sempre alla speranza. Ecco, l'amore di Dio in Gesù sempre ci apre alla speranza, a quell'orizzonte di speranza, all'orizzonte finale del nostro pellegrinaggio. Così anche le fatiche e le cadute trovano un senso. Anche i nostri peccati trovano un senso nell'amore di Dio, perché questo amore di Dio in Gesù Cristo ci perdona sempre, ci ama tanto che ci perdona sempre.

Ci aiuti Chiara, insieme con la Vergine Maria, a vivere questo Vangelo anche noi, ciascuno secondo la propria vocazione.

Per saperne di più

[1] Papa Francesco, *Angelus,* piazza San Pietro, 11 agosto 2013. Cfr. Approfondimenti, *Discorso di Giovanni Paolo II ai rappresentanti delle Chiese cristiane e comunità ecclesiali e delle religioni mondiali convenuti in Assisi,* pp. 126-127.

[2] **Chiara e Francesco.** Quando si parla di Chiara, si rischia di cadere in un facile luogo comune: è la prima "francescana", la si intende semplicemente come realizzazione al femminile delle intuizioni di Francesco. Nonostante la profonda sintonia e affinità spirituale, vi sono però rilevanti differenze: in Chiara è quasi assente il riferimento trinitario, e si narra molto più decisamente l'esperienza del rapporto con Cristo sposo. Chiara parla assai spesso della povertà, più di Francesco (che vede la povertà come una modalità del vivere *senza nulla di proprio,* eliminando orgoglio e superbia nel rapporto con gli altri), e intende seguire Cristo povero e crocifisso con una fedele e totale condivisione, in modo mistico. Chiara inoltre nei confronti dell'autorità possiede una concezione più "allargata" (il consenso di tutte le sorelle in alcuni casi; un consiglio delle discrete accanto alla abbadessa…), mentre Francesco ha una visione più centralizzata dell'autorità, come dice bene fra Cesare Vaiani in *Francesco e Chiara d'Assisi* (Edizioni Glossa, Milano 2004, pp. 111-115).

Eppure, come afferma Francesco, *un solo e medesimo Spirito fece uscire i frati e le signore poverelle dal mondo malvagio* (cfr. 2Cel 204: FF 793). Appare dunque evidente come vi sia non solo una certa autonomia di intuizioni spirituali, ma anche una straordinaria sintonia tra i due. Chiara, infatti, si rifà continuamente a Francesco: al suo esempio e al suo insegnamento; ai molti scritti che lui le indirizzò; allo stesso testo di preghiera (l'*Ufficio della croce*); al riferimento a Maria assunto come modello e a lei proposto dal santo. Un esempio importante di questa sintonia è presente in due versetti dell'*Audite, poverelle* di Francesco citato da santa Chiara:

«Io ve prego per grand'amore
k'aiate discrezione de le lemosene ke ve dà el Segnore» (vv. 7-8).

Tali versi riecheggiano e sono infatti amplificati nel *Testamento di santa Chiara d'Assisi.*

«Ancora prego colei che avrà l'incarico delle sorelle […] non tanto le obbediscano per l'ufficio, ma piuttosto *per amore.* Sia anche provvida e *discreta* verso le sorelle, come una buona madre verso le figlie, e specialmente si studi di provvedere loro secondo le necessità di ciascuna *con le elemosine che il Signore donerà»* (TestsC 61-64: FF 2848).

La *discrezione* è virtù importante per i due santi: significa equilibrio, saggezza che evita gli eccessi, giusta misura... è il discernimento evangelico, come troviamo nella terza lettera che Chiara indirizza alla beata Agnese di Boemia (*3LAg* 40: FF 2897).

Chiara aveva dunque memorizzato, interiorizzato e accolto nel proprio codice espressivo gli scritti di Francesco, per il quale sofferenze e tribolazioni, calunnie e ostilità, falsità e prigione e neppure la morte può separare il credente dall'amore di Cristo, *il Primo e l'Ultimo, che era morto ed è tornato alla vita.* I due santi hanno compreso bene le parole dell'apostolo Paolo:

«Io infatti sto già per essere versato in offerta ed è giunto il momento che io lasci questa vita. Ho combattuto la buona battaglia, ho terminato la corsa, ho conservato la fede. Ora mi resta soltanto la corona di giustizia che il Signore, il giudice giusto, mi consegnerà in quel giorno; non solo a me, ma anche a tutti coloro che hanno atteso con amore la sua manifestazione» (*2Tm* 4,6-8).

La battaglia è stata combattuta, l'attesa vissuta con amore è terminata: ora è tempo di ricevere la corona. Anche il cammino, dunque, delle *poverelle*, che per divina ispirazione si sono *fatte figlie e ancelle dell'altissimo sommo Re* (*Fvit* 1: FF 139), si concluderà con l'incoronazione regale insieme alla *signora, santa regina*, la Vergine Maria. Chiara ne è consapevole, e ad Agnese scrive:

«Stringiti alla sua dolcissima Madre, che generò un figlio tale che i cieli non potevano contenere, eppure lei lo raccolse nel piccolo chiostro del suo sacro seno e lo portò nel suo grembo di ragazza. [...] Come dunque la gloriosa Vergine delle vergini lo portò materialmente, così anche tu, seguendo le sue orme, specialmente quelle di umiltà e povertà, senza alcun dubbio lo puoi sempre portare spiritualmente nel tuo corpo casto e verginale, contenendo colui dal quale tu e tutte le cose sono contenute» (*3LAg* 18-19: FF 2890; e 24-26: FF 2893).

Negli occhi di Francesco, Chiara e le sorelle si assimilano all'immagine di Maria, figlia del Padre, sposa dello Spirito, madre di Cristo. A una visione esteriore Francesco predilige una via spirituale: la *pace* richiesta nel sostenere le fatiche non è frutto di uno sforzo della volontà, ma dell'amore. Solamente nel seguire Cristo e la sua legge, il suo comandamento dell'amore, si giunge a una libertà tale da comprendere il valore delle cose e di che cosa si abbia realmente bisogno.

³ *Lc* 12,32-48.

⁴ *Lc* 12,34.

Francesco
chiamato a edificare la Chiesa[1]

Carissimi giovani,
guardando voi oggi qui presenti, mi viene in mente la storia di san Francesco d'Assisi. Davanti al crocifisso sente la voce di Gesù che gli dice: «Francesco, va' e ripara la mia casa»[2]. E il giovane Francesco risponde con prontezza e generosità a questa chiamata del Signore: riparare la sua casa. Ma quale casa? Piano piano, si rende conto che non si trattava di fare il muratore e riparare un edificio fatto di pietre, ma di dare il suo contributo per la vita della Chiesa; si trattava di mettersi a servizio della Chiesa, amandola e lavorando perché in essa si riflettesse sempre più il volto di Cristo. Anche oggi il Signore continua ad avere bisogno di voi giovani per la sua Chiesa. Cari giovani, il Signore ha bisogno di voi! Anche oggi chiama ciascuno di voi a seguirlo nella sua Chiesa e a essere missionari. Cari giovani, il Signore oggi vi chiama! Non al mucchio! A te, a te, a te, a ciascuno. Ascoltate nel cuore quello che vi dice. Penso che possiamo imparare qualcosa da ciò che è successo in questi giorni, da come abbiamo dovuto cancellare, per il maltempo, la realizzazione di questa vigilia nel "Campus fidei", a Guaratiba. Forse, non è che il Signore voglia dirci che il vero campo della fede, il vero "Campus fidei", non è un luogo geografico, bensì siamo noi stessi? Sì! È vero! Ciascuno di noi, ciascuno di voi, io, tutti! Ed essere discepolo missionario significa sapere che siamo il campo della fede di Dio! Per questo, partendo dall'immagine del campo della fede, ho pensato a tre immagini che ci possono aiutare a capire meglio che cosa significa essere discepolo-missionario: la prima immagine, il campo come luogo in cui si semina; la seconda, il campo come luogo di allenamento; e la terza, il campo come cantiere.

1. Primo: il campo come luogo in cui si semina. Conosciamo tutti la parabola di Gesù che narra di un seminatore andato a gettare i semi nel campo; alcuni di essi cadono sulla strada, in mezzo ai sassi, tra le spine e non riescono a svilupparsi; ma altri cadono su terra buona e producono molto frutto[3]. Gesù stesso spiega il significato della parabola: il seme è la Parola di Dio che è gettata nei nostri cuori[4]. Oggi... tutti i giorni, ma oggi in modo speciale, Gesù semina. Quando accettiamo la Parola di Dio, allora siamo il campo della fede! Per favore, lasciate che Cristo e la sua Parola entrino nella vostra vita, lasciate entrare la semente della Parola di Dio, lasciate che germogli, lasciate che cresca. Dio fa tutto, ma voi lasciatelo agire, lasciate che lui lavori in questa crescita!

[...]

2. Il campo. Il campo oltre a essere un luogo di semina è luogo di allenamento. Gesù ci chiede di seguirlo per tutta la vita, ci chiede di essere suoi discepoli, di "giocare nella sua squadra". La maggior parte di voi ama lo sport. E qui in Brasile, come in altri Paesi, il calcio è passione nazionale. Sì o no? Ebbene, che cosa fa un giocatore quando è convocato a far parte di una squadra? Deve allenarsi, e allenarsi molto! Così è la nostra vita di discepoli del Signore.

[...]

3. E terzo: il campo come cantiere. Qui stiamo vedendo come si è potuto costruire questo proprio qui: hanno iniziato a muoversi i ragazzi, le ragazze, si sono dati da fare e hanno costruito la Chiesa. Quando il nostro cuore è una terra buona che accoglie la Parola di Dio, quando "si suda la maglietta" cercando di vivere da cristiani, noi sperimentiamo qualcosa di grande: non siamo mai soli, siamo parte di una famiglia di fratelli che percorrono lo stesso cammino, siamo parte della Chiesa. Questi ragazzi, queste ragazze non erano soli, ma insieme hanno fatto un cammino e hanno costruito la Chiesa, insieme hanno realizzato quello che ha fatto san Francesco; costruire, riparare la Chiesa. Vi domando: volete costruire la Chiesa? Vi animate a farlo? E domani avrete dimenticato questo

"sì" che avete detto? La vostra risposta mi piace! Siamo parte della Chiesa, anzi, diventiamo costruttori della Chiesa e protagonisti della storia. Ragazzi e ragazze, per favore: non mettetevi nella "coda" della storia. Siate protagonisti. Giocate in attacco! Calciate in avanti, costruite un mondo migliore, un mondo di fratelli, un mondo di giustizia, di amore, di pace, di fraternità, di solidarietà. Giocate in attacco sempre!

Per saperne di più

[1] Viaggio apostolico a Rio de Janeiro in occasione della XXVIII Giornata mondiale della gioventù, veglia di preghiera con i giovani, *Discorso del Santo Padre Francesco*, Rio de Janeiro, 27 luglio 2013.

[2] **L'incontro con il crocifisso di San Damiano.** Dal *Memoriale in desiderio animae* (Vita seconda), di Tommaso da Celano (*2Cel* 10: FF 593-594):

> «Era già del tutto mutato nel cuore e prossimo a divenirlo anche nel corpo, quando un giorno passò accanto alla chiesa di San Damiano, quasi in rovina e abbandonata da tutti.
>
> Condotto dallo Spirito, entra a pregare, si prostra supplice e devoto davanti al crocifisso e, toccato in modo straordinario dalla grazia divina, si ritrova totalmente cambiato. Mentre egli è così profondamente commosso, all'improvviso – *cosa da sempre inaudita!* (cfr. *Gv* 9,32) – l'immagine di Cristo crocifisso, dal dipinto gli parla movendo le labbra.
>
> "Francesco – gli dice *chiamandolo per nome* (cfr. *Is* 40,26) – va', ripara la mia casa che, come vedi, è tutta in rovina".
>
> Francesco è tremante e pieno di stupore, e quasi perde i sensi a queste parole. Ma subito si dispone a obbedire e si concentra tutto su questo invito. Ma, a dir vero, poiché neppure lui riuscì mai a esprimere l'ineffabile trasformazione che percepì in se stesso, conviene anche a noi coprirla con un velo di silenzio.
>
> Da quel momento si fissò nella sua anima santa la compassione del crocifisso e, come si può piamente ritenere, le venerande stimmate della Passione, quantunque non ancora nella carne, gli si impressero profondamente nel cuore».

[3] Cfr. *Mt* 13,1-9.

[4] Cfr. *Mt* 13,18-23.

Francesco
e l'abbraccio al lebbroso[1]

Dio ha voluto che i miei passi, dopo il santuario di Nostra Signora di Aparecida, si incamminassero verso un particolare santuario della sofferenza umana qual è l'ospedale San Francesco di Assisi. È ben nota la conversione del vostro santo patrono: il giovane Francesco abbandona ricchezze e comodità per farsi povero tra i poveri, capisce che non sono le cose, l'avere, gli idoli del mondo a essere la vera ricchezza e a dare la vera gioia, ma è il seguire Cristo e il servire gli altri; ma forse è meno conosciuto il momento in cui tutto questo è diventato concreto nella sua vita: è quando ha abbracciato un lebbroso. Quel fratello sofferente è stato «mediatore di luce [...] per san Francesco d'Assisi»[2], perché in ogni fratello e sorella in difficoltà noi abbracciamo la carne sofferente di Cristo. Oggi, in questo luogo di lotta contro la dipendenza chimica, vorrei abbracciare ciascuno e ciascuna di voi, voi che siete la carne di Cristo, e chiedere che Dio riempia di senso e di ferma speranza il vostro cammino, e anche il mio.

Abbracciare, abbracciare. Abbiamo tutti bisogno di imparare ad abbracciare chi è nel bisogno, come ha fatto san Francesco[3]. Ci sono tante situazioni in Brasile, nel mondo, che chiedono attenzione, cura, amore, come la lotta contro la dipendenza chimica. Spesso, invece, nelle nostre società ciò che prevale è l'egoismo. Quanti "mercanti di morte" che seguono la logica del potere e del denaro a ogni costo! La piaga del narcotraffico, che favorisce la violenza e semina dolore e morte, richiede un atto di coraggio di tutta la società. Non è con la liberalizzazione dell'uso delle droghe, come si sta discutendo in varie parti dell'America Latina, che si potrà ridurre la diffusione e l'influenza della dipendenza chimica.

È necessario affrontare i problemi che sono alla base del loro uso, promuovendo una maggiore giustizia, educando i giovani ai valori che costruiscono la vita comune, accompagnando chi è in difficoltà e donando speranza nel futuro. Abbiamo tutti bisogno di guardare l'altro con gli occhi di amore di Cristo, imparare ad abbracciare chi è nel bisogno, per esprimere vicinanza, affetto, amore. Ma abbracciare non è sufficiente. Tendiamo la mano a chi è in difficoltà, a chi è caduto nel buio della dipendenza, magari senza sapere come, e diciamogli: Puoi rialzarti, puoi risalire, è faticoso, ma è possibile se tu lo vuoi. Cari amici, vorrei dire a ciascuno di voi, ma soprattutto a tanti altri che non hanno avuto il coraggio di intraprendere il vostro cammino: Sei protagonista della salita; questa è la condizione indispensabile! Troverai la mano tesa di chi ti vuole aiutare, ma nessuno può fare la salita al tuo posto. Ma non siete mai soli! La Chiesa e tante persone vi sono vicine. Guardate con fiducia davanti a voi, la vostra è una traversata lunga e faticosa, ma guardate avanti, c'è «un futuro certo, che si colloca in una prospettiva diversa rispetto alle proposte illusorie degli idoli del mondo, ma che dona nuovo slancio e nuova forza al vivere quotidiano»[4]. A tutti voi vorrei ripetere: non lasciatevi rubare la speranza! Non lasciatevi rubare la speranza! Ma vorrei dire anche: non rubiamo la speranza, anzi diventiamo tutti portatori di speranza!

Per saperne di più

[1] Viaggio apostolico a Rio de Janeiro in occasione della XXVIII Giornata mondiale della gioventù, visita all'ospedale São Francisco de Assis Na Providência, *Discorso del Santo Padre Francesco*, Rio de Janeiro, 24 luglio 2013.

[2] Lettera enciclica *Lumen Fidei*, 57.

[3] **Ira e turbamento.** Papa Francesco dimostra una grande attenzione di fronte al *peccato altrui*, possiede uno sguardo compassionevole. Ciò si ritrova anche in san Francesco, il quale, con estrema finezza, mette anche in guardia chi si avvicina al *peccato altrui*:

> «Al servo di Dio nessuna cosa deve dispiacere eccetto il peccato. E in qualunque modo una persona peccasse e, a motivo di tale peccato, il servo di Dio, non più guidato dalla carità, ne prendesse turbamento e ira, *accumula per sé come un tesoro* quella colpa. Quel servo di Dio che non si adira né si turba per alcunché, davvero vive senza nulla di proprio. Ed è beato perché non gli rimane nulla, e rende *a Cesare quello che è di Cesare e a Dio quello che è di Dio*» (cfr. *Mt* 22,21. *Am* 11: FF 160).

Oltre che dei beni che appartengono al Signore, Francesco avverte che ci si può "appropriare" anche del peccato altrui. È una forma triste di appropriazione, alla quale il povero evangelico si oppone con la forza della carità, strada che propone anche il Papa quando dice: *Abbiamo tutti bisogno di guardare l'altro con gli occhi di amore di Cristo, imparare ad abbracciare chi è nel bisogno, per esprimere vicinanza, affetto, amore.*

L'appropriazione, dunque, del peccato altrui causa ira e turbamento e per questo tramite diventa un proprio possesso. Il servo di Dio vive senza nulla di proprio. È interessante comprendere, allora, cosa Francesco intenda dire con *è beato perché non gli rimane nulla*:

> «*Beati i poveri in spirito, perché di essi è il regno dei cieli* (*Mt* 5,3). Ci sono molti che, applicandosi insistentemente a preghiere e occupazioni, fanno molte astinenze e mortificazioni corporali, ma per una sola parola che sembri ingiuria verso la loro persona, o per qualche cosa che venga loro tolta, scandalizzati, subito si irritano. Questi non sono poveri in spirito, poiché chi è veramente povero in spirito odia se stesso e ama quelli che lo percuotono sulla guancia» (Cfr. *Lc* 14,26; *Mt* 5,39. *Am* 14,1-4: FF 163).

In questo testo Francesco non porta a esempio di *povertà spirituale* gli uomini che cercano una *povertà materiale*, ma ricorre a situazioni di *relazione fraterna*: una cattiva parola detta a un fratello, o il sottrargli materialmente qualcosa. In questi due casi, si vede se uno è povero. Una parola chiave è proprio *si irritano*, che indica la reazione di chi non è povero in spirito: l'*ira* e il *turbamento* sono dunque i segnali di uno spirito di appropriazione (che è l'esatto contrario della povertà) e sono elementi della relazione con gli altri. La povertà, secondo Francesco, è *relazionale*, cioè si gioca nelle relazioni con le altre persone. Arrabbiarsi con il prossimo manifesta il fatto di non essere poveri. Probabilmente anche Francesco (come il Papa, come tutti noi...) deve aver vissuto questi problemi: anche lui è stato tentato di rispondere male o di adirarsi con il fratello, e talvolta forse lo ha fatto, soprattutto di fronte ai gravi soprusi contro i poveri del suo tempo; soprusi che somigliano tanto a quelli di oggi. Forse, dunque, dall'esperienza di peccato (e di perdono) di Francesco è nata questa maniera, piuttosto anticonformista, di parlare di povertà.

[4] Lettera enciclica *Lumen Fidei*, 57.

Francesco,
coerenza e autenticità[1]

Per essere testimoni gioiosi del Vangelo bisogna essere autentici, coerenti. E questa è un'altra parola che voglio dirvi: autenticità. Gesù bastonava tanto contro gli ipocriti: ipocriti, quelli che pensano di sotto; quelli che hanno – per dirlo chiaramente – doppia faccia. Parlare di autenticità ai giovani non costa, perché i giovani – tutti – hanno questa voglia di essere autentici, di essere coerenti. E a tutti voi fa schifo, quando trovate in noi preti che non sono autentici o suore che non sono autentiche!

Questa è una responsabilità prima di tutto degli adulti, dei formatori. È di voi formatori che siete qui: dare un esempio di coerenza ai più giovani. Vogliamo giovani coerenti? Siamo noi coerenti! Al contrario, il Signore ci dirà quello che diceva dei farisei al popolo di Dio: «Fate quello che dicono, ma non quello che fanno!». Coerenza e autenticità!

Ma anche voi, a vostra volta, cercate di seguire questa strada. Io dico sempre quello che affermava san Francesco d'Assisi: Cristo ci ha inviato ad annunciare il Vangelo anche con la parola. La frase è cosi: «Annunciate il Vangelo sempre. E, se fosse necessario, con le parole»[2]. Cosa vuol dire questo? Annunziare il Vangelo con l'autenticità di vita, con la coerenza di vita. Ma in questo mondo a cui le ricchezze fanno tanto male, è necessario che noi preti, che noi suore, che tutti noi, siamo coerenti con la nostra povertà! Ma quando tu trovi che il primo interesse di una istituzione educativa o parrocchiale o qualsiasi è il denaro, questo non fa bene. Non fa bene! È una incoerenza! Dobbiamo essere coerenti, autentici. Per questa strada, facciamo quello che dice san Francesco: predichiamo il Vangelo con l'esempio, poi con le parole! Ma prima di tutto è nella nostra vita che gli altri devono poter leggere il Vangelo! Anche qui senza timore, con i nostri difetti che cerchiamo di correggere, con i nostri limiti che il Signore conosce, ma anche con la nostra generosità nel lasciare che lui agisca in noi. I difetti, i limiti e – io aggiungo un po' di più – con i peccati... Io vorrei sapere una cosa: qui, nell'aula, c'è qualcuno che non è peccatore, che non abbia peccati? Che alzi la mano! Che alzi la mano! Nessuno. Nessuno. Da qui fino al fondo... tutti! Ma come porto io il mio peccato, i miei peccati? Voglio consigliarvi questo: abbiate trasparenza col confessore. Sempre. Dite tutto, non abbiate paura. «Padre ho peccato!». Pensate alla samaritana, che per provare, per dire ai suoi concittadini che aveva trovato il Messia, ha detto: «Mi ha detto tutto quello che ho fatto», e tutti conoscevano la vita di questa donna. Dire sempre la verità al confessore. Questa trasparenza farà bene, perché ci fa umili, tutti.

Per saperne di più

[1] *Parole del Santo Padre Francesco*, Aula Paolo VI, 6 luglio 2013.

[2] **Annunciate il Vangelo sempre.** «Annunciate il Vangelo sempre. E, se fosse necessario, con le parole». Dove compare questo detto, attribuito a san Francesco e citato in diverse occasioni dal Papa? Interessante ciò che ha scritto a tal proposito il francescano e teologo Pietro Messa nell'articolo "Francesco, un Papa gesuita per le strade di Assisi" in *Rivista Teologica di Lugano*, 19/1 (2014), pp. 67-77:

«[…] nasce la domanda da dove provenga tale espressione attribuita al santo d'Assisi ma assente nelle fonti antiche.

Senza voler fare in merito un'analisi dettagliata, si segnala che una menzione vi è ad esempio nella *Lettera del ministro generale* e del *Consiglio generale a tutti i fratelli e sorelle del terzo ordine regolare di san Francesco d'Assisi per la solennità del Natale 2012* sulla nuova evangelizzazione in relazione all'esperienza francescana in cui si afferma:

"Il modo in cui questo è stato espresso di recente è che Francesco sfidò i suoi seguaci dicendo *Predicate il Vangelo e, se è proprio necessario, usate anche le parole*".
Tale frase, già presente nel 2008 attribuita a san Francesco in alcuni siti internet, potrebbe aver origine dal racconto narrato da Tommaso da Celano nel *Memoriale nel desiderio dell'anima* [FF 103], mentre secondo padre Ugo Sartorio

"il riferimento è alla *Regola non bollata* (1221), […] dove si indica (ed è la prima volta che si trova in una regola religiosa) uno stile di missione caratterizzato insieme da grande mitezza e forza straordinaria"
(Sartorio U., "Anche le parole se necessario. Dalle prime fonti a Papa Francesco", in *L'Osservatore Romano*, 6 ottobre 2013, p. 4).

Ma diversi sono i brani che possono aver ispirato tale sentenza, come ad esempio il racconto della "predica in silenzio" che vede protagonisti san Francesco con frate Ginepro (un racconto apocrifo che non si trova nelle fonti francescane e che ha avuto una notevole diffusione mediante la raccolta di Bruno Ferrero, *C'è qualcuno lassù?*, Elledici, Torino 1993, p. 4)».

Al santo d'Assisi a volte si attribuiscono fatti e detti a seconda delle proprie finalità, e non stupisce che ciò possa capitare in un discorso papale. Padre Carlo Paolazzi afferma che è possibile parlare di una coerenza di "stile" negli scritti di Francesco. Egli, di fronte a critiche di autenticità di alcuni testi, ha riaffermato un principio filologico: un testo appartiene all'autore al quale è attribuito dalla tradizione testuale fino a prova contraria. La frase citata da Papa Francesco è costituita da un testo che è, e rimane, assente dalle Fonti Francescane. Ma è composta in un linguaggio, con un contenuto e uno stile non distante dal pensiero e spiritualità di frate Francesco d'Assisi. Il Papa infatti propone una coerenza e autenticità nell'annuncio del Vangelo che è presente in molti degli scritti di Francesco; scegliere e annunciare il Vangelo per Francesco è scegliere e annunciare la pace. Il suo è un progetto di *fraternità pacifica*. Obbedienza e carità, minorità, preghiera e lavoro sono per lui *scelte di pace*. Anche la povertà, il cui amore aveva portato Francesco "in guerra" con il padre (cfr. Dante, *Paradiso*, XI, 58-60), è una scelta che non può essere separata dalla decisione di vivere senza compromessi la pace evangelica. La pace dell'uomo evangelico non è una comoda condizione esistenziale, perché fra il cristiano e "il mondo" che non conosce il Padre, esiste una radicale estraneità che scatena l'odio verso Cristo e i suoi discepoli:

«Io ho comunicato loro la tua parola, e il mondo li ha odiati, perché non sono del mondo, come non sono del mondo io»
(Cfr. *Gv* 7,6-26 citato in *Rnb* 22, 47: FF 62).

Venuto da lontano e incamminato verso gli sconfinati orizzonti di Dio, il discepolo di Cristo si sente sempre in esilio e anela alla patria, si guarda dalla «*sapienza* di questo mondo e dalla *prudenza della carne*» (*Rnb* 17, 10: FF 48), ma per essere un testimone autentico della verità evangelica, deve anche accettare i rischi dei forestieri e dei pellegrini che camminano in terra straniera: quello di non essere capito né riconosciuto come capitò al Verbo creatore dell'universo:

«Era nel mondo
e il mondo è stato fatto per mezzo di lui;
eppure il mondo non lo ha riconosciuto.
Venne fra i suoi,
e i suoi non lo hanno accolto» (*Gv* 1,10-11).

Francesco ha colto il senso profondo di questa "estraneità" e autenticità della chiamata evangelica, non solo quando ha dichiarato che Dio ha fatto di lui «l'ultimo pazzo (*novellus pazzus*) nel mondo» (*CAss* 18: FF 1564), ma soprattutto quando nel dialogo *Della vera e perfetta letizia*, ha collocato la gioia più alta del cristiano nella capacità di *sopportare con pazienza* e amore perfino il rifiuto dei fratelli più vicini, riprendendo la parola di Paolo:

«Quanto a me invece non ci sia altro vanto che nella croce del Signore nostro Gesù Cristo, per mezzo della quale il mondo per me è stato crocifisso, come io per il mondo» (*Gal* 6,14).

Francesco
patrono d'Italia[1]

Non posso dimenticare, infine, che oggi l'Italia celebra san Francesco quale suo patrono[2]. E do gli auguri a tutti gli italiani, nella persona del capo del governo, qui presente. Lo esprime anche il tradizionale gesto dell'offerta dell'olio per la lampada votiva [...]. Preghiamo per la nazione italiana, perché ciascuno lavori sempre per il bene comune, guardando a ciò che unisce più che a ciò che divide.

Anche in ambito civile è vero ciò che la fede ci assicura: non bisogna mai perdere le speranze. Quanti esempi in questo senso ci hanno dato i nostri genitori e i nostri nonni, affrontando ai loro tempi dure prove con grande coraggio e spirito di sacrificio! Più volte Benedetto XVI ha ribadito che la crisi attuale dev'essere occasione per un rinnovamento fraterno dei rapporti umani. Anche il popolo italiano, attingendo con fiducia e creatività dalla sua ricchissima tradizione cristiana e dagli esempi dei suoi santi patroni Francesco d'Assisi e Caterina da Siena[3], come pure di numerose figure religiose e laiche, e dalla testimonianza silenziosa di tante donne e tanti uomini, può e deve superare ogni divisione e crescere nella giustizia e nella pace, continuando così a svolgere il suo ruolo peculiare nel contesto europeo e nella famiglia dei popoli. E lavorare per creare una cultura dell'incontro.

[...]

Faccio mia la preghiera di san Francesco per Assisi, per l'Italia, per il mondo[4]: «Ti prego dunque, o Signore Gesù Cristo, padre delle misericordie, di non voler guardare alla nostra ingratitudine, ma di ricordarti sempre della sovrabbondante pietà che in [questa città] hai mostrato, affinché sia sempre il luogo e la dimora di quelli che veramente ti conoscono e glorificano il tuo nome benedetto e gloriosissimo nei secoli dei secoli. Amen»[5].

Per saperne di più

[1] Visita ufficiale del presidente della Repubblica Italiana Giorgio Napolitano, *Discorso del Santo Padre Francesco*, 8 giugno 2013.

[2] **I patroni primari d'Italia.** Pio XII con un *Breve pontificio* proclamò san Francesco d'Assisi e santa Caterina da Siena patroni primari d'Italia (*L'Osservatore Romano*, 19-20 giugno 1939):

«[...] Senza alcun dubbio ciò si deve affermare di san Francesco d'Assisi e di santa Caterina da Siena che, italiani ambedue, in tempi straordinariamente difficili, illustrarono, mentre vivevano, con nitido fulgore di opere e di virtù e beneficarono abbondantemente questa loro e nostra patria, in ogni tempo madre di santi. Difatti san Francesco poverello e umile vera immagine di Gesù Cristo, diede insuperabili esempi di vita evangelica ai cittadini di quella sua tanto turbolenta età, e ad essi anzi, con la costituzione del suo triplice ordine aprì nuove vie e diede maggiori agevolezze, per la correzione dei pubblici e privati costumi e per un più retto senso dei principi della vita cattolica».

[3] **Caterina, una donna politica sui generis.** Ritengo che quanto detto da Paolo VI nella *Omelia* della proclamazione di santa Caterina da Siena dottore della Chiesa (3 ottobre 1970), aiuti a comprendere come la figura della santa si abbini bene a quella di Francesco, e come la sua grandezza stia proprio nella sua piccolezza:

«La lezione pertanto di questa donna politica sui generis conserva tuttora il suo significato e valore, benché oggi sia più sentito il bisogno di far la debita distinzione tra le cose di Cesare e quelle di Dio, tra Chiesa e Stato [...] Dal suo letto di morte, circondata dai fedeli discepoli in una celletta presso la chiesa di Santa Maria sopra Minerva, in Roma, essa rivolse al Signore questa commovente preghiera, vero testamento di fede e di riconoscente, ardentissimo amore: "O Dio eterno, ricevi il sacrificio della vita mia in (vantaggio di) questo corpo mistico della santa Chiesa. Io non ho che dare altro se non quello che tu hai dato a me. Tolli il cuore, dunque, e premilo sopra la faccia di questa sposa"».

[4] Tratto dall'*Omelia* del Santo Padre Francesco, piazza San Francesco, Assisi, 4 ottobre 2013.

[5] *Spec* 124: FF 1824.

Francesco e il comportarsi spiritualmente[1]

L'annuncio di Pietro e degli apostoli non è fatto solo di parole, ma la fedeltà a Cristo tocca la loro vita, che viene cambiata, riceve una direzione nuova, ed è proprio con la loro vita che essi rendono testimonianza alla fede e all'annuncio di Cristo. Nel Vangelo, Gesù chiede a Pietro per tre volte di pascere il suo gregge e di pascerlo con il suo amore, e gli profetizza: «Quando sarai vecchio tenderai le tue mani, e un altro ti vestirà e ti porterà dove tu non vuoi»[2]. È una parola rivolta anzitutto a noi pastori: non si può pascere il gregge di Dio se non si accetta di essere portati dalla volontà di Dio anche dove non vorremmo, se non si è disposti a testimoniare Cristo con il dono di noi stessi, senza riserve, senza calcoli, a volte anche a prezzo della nostra vita. Ma questo vale per tutti: il Vangelo va annunciato e testimoniato.

Ciascuno dovrebbe chiedersi: come testimonio io Cristo con la mia fede? Ho il coraggio di Pietro e degli altri apostoli di pensare, scegliere e vivere da cristiano, obbedendo a Dio?

Certo la testimonianza della fede ha tante forme, come in un grande affresco c'è la varietà dei colori e delle sfumature; tutte però sono importanti, anche quelle che non emergono. Nel grande disegno di Dio ogni dettaglio è importante, anche la tua, la mia piccola e umile testimonianza, anche quella nascosta di chi vive con semplicità la sua fede nella quotidianità dei rapporti di famiglia, di lavoro, di amicizia[3].

Ci sono i santi di tutti i giorni, i santi "nascosti", una sorta di "classe media della santità", come diceva uno scrittore francese, quella "classe media della santità" di cui tutti possiamo fare parte[4]. Ma in varie parti del mondo c'è anche chi soffre, come Pietro e gli apostoli, a causa del Vangelo; c'è chi dona la sua vita per rimanere fedele a Cristo con una testimonianza segnata dal prezzo del sangue. Ricordiamolo bene tutti: non si può annunciare il Vangelo di Gesù senza la testimonianza concreta della vita. Chi ci ascolta e ci vede deve poter leggere nelle nostre azioni ciò che ascolta dalla nostra bocca e rendere gloria a Dio!

Mi viene in mente adesso un consiglio che san Francesco d'Assisi dava ai suoi fratelli: predicate il Vangelo e, se fosse necessario, anche con le parole. Predicare con la vita: la testimonianza. L'incoerenza dei fedeli e dei pastori[5] tra quello che dicono e quello che fanno, tra la parola e il modo di vivere mina la credibilità della Chiesa.

Per saperne di più

[1] Celebrazione eucaristica, *Omelia del Santo Padre Francesco*, basilica di San Paolo fuori le mura, III domenica di Pasqua, 14 aprile 2013.

[2] *Gv* 21,18.

[3] **Uno stile di vita.** Abbiamo già visto, grazie all'approfondimento di Pietro Messa, come un possibile riferimento di questo detto attribuito a Francesco possa essere quello che troviamo in *Regola non bollata* al capitolo XVI, con i due modi di andare tra i saraceni.

> «I frati poi che vanno tra gli infedeli possono comportarsi spiritualmente in mezzo a loro in due modi. Un modo è che non facciano liti né dispute, ma siano *soggetti a ogni creatura umana per amore di Dio* e confessino di essere cristiani. L'altro modo è che, quando vedranno che piace a Dio, annuncino la parola di Dio perché essi credano in Dio onnipotente Padre e Figlio e Spirito Santo, creatore di tutte le cose, e nel Figlio redentore e salvatore, e siano battezzati, e si facciano cristiani, poiché, se uno non *sarà rinato dall'acqua e dallo Spirito Santo, non può entrare nel regno di Dio*» (*Rnb* 1-22: FF 42-45).

Francesco presenta uno *stile di vita* minoritico: perciò, il modo in cui *si va per il mondo* non cambia, anche se gli scenari dovessero mutare drammaticamente. Il santo non sta parlando dunque ai "missionari" (con il significato che questo termine ha assunto in seguito) ma ai fratelli che, in un altro contesto, vivono la medesima vocazione di minorità e fraternità. L'*andare per il mondo* di Francesco e dei suoi fratelli assume dimensioni internazionali nelle missioni che ben presto sono da loro organizzate per recarsi negli altri Paesi europei (addirittura "oltremare": in Siria e in Grecia). Tutti i capitoli tenuti alla Porziuncola, dal 1217 in poi, testimoniano questo impegno per un *andare per il mondo* e per una evangelizzazione che appartengono essenzialmente al carisma francescano, come ricorda anche il capitolo XIV della *Regola non bollata* (cfr. le testimonianze di Giordano da Giano nella sua *Cronaca*: FF 2320-2412). L'urgenza di andare per il mondo è riconducibile non solo all'evangelizzazione, ma anche a una sorta di "tratto genetico" del francescanesimo.

[4] **La classe media della santità.** Papa Francesco cita lo scrittore francese Joseph Malègue (1876-1940), che nel romanzo *Pierres noires. Les classes moyennes du Salut* (tradotto in italiano con il titolo *Pietre nere: le classi medie della salvezza*, SEI, Torino 1966), conia l'espressione "classe media della santità". Il romanzo narra vicende di

"santità ordinaria" ispirate a un'idea del filosofo cattolico Henri Bergson; «il santo apre una via che può essere percorsa da altri uomini».

5 **Incoerenza di fedeli e pastori.** San Francesco avverte che ci può essere una *falsa pace*, quella di coloro che, grazie alle parole, si sentono tranquilli, a posto, *in pace* appunto, e che magari da questa situazione di *sapere le parole* traggono anche un profitto economico:

> «Dice l'apostolo: *"La lettera uccide, lo spirito invece dà vita"*. Sono uccisi dalla lettera coloro che desiderano sapere unicamente le sole parole, per essere ritenuti più sapienti in mezzo agli altri e potere acquistare grandi ricchezze e darle ai parenti e agli amici.
>
> E sono uccisi dalla lettera quei religiosi che non vogliono seguire lo spirito della divina Scrittura, ma piuttosto bramano sapere le sole parole e spiegarle agli altri. E sono vivificati dallo spirito della divina Scrittura coloro che ogni scienza, che sanno e desiderano sapere, non l'attribuiscono al proprio io carnale, ma la restituiscono con la parola e con l'esempio all'Altissimo Signore Dio, al quale appartiene ogni bene» (*Am* 7: FF 156).

La lode di Francesco non è mai autocelebrativa, la pace interiore non nasce da una conquista personale (di beni e di parole), ma parte sempre da Dio, mistero insondabile per la mente e la parola umana, Signore dell'universo e della storia, ragione segreta della vita e termine ultimo della lode. Solo dunque nelle parole e opere del Signore si trovano la gioia e la serenità, come Francesco stesso dice nelle *Ammonizioni*:

> «Beato quel religioso che non ha giocondità e letizia se non nelle santissime parole e opere del Signore e, mediante queste, conduce gli uomini all'amore di Dio in gaudio e letizia. Guai a quel religioso che si diletta in parole oziose e vane e con esse conduce gli uomini al riso» (*Am* 20: FF 170).

La pace, che non può essere confusa con l'ozio, si esprime in una gioia non vana, superficiale, perché ha la propria fonte nelle parole della divina Scrittura. Esse non sono da possedere ma da restituire al Signore, con la parola e con l'esempio, comunicando agli altri in umiltà la propria vita spirituale, la propria esperienza di Dio.

Francesco e il Vangelo come regola di vita[1]

Saluto con affetto i pellegrini di lingua italiana. In particolare, accolgo con gioia il grande pellegrinaggio della diocesi di Milano, guidato dal cardinale Angelo Scola[2], e specialmente i ragazzi quattordicenni, che si preparano alla loro professione di fede.

Cari ragazzi, prego per voi, perché la vostra fede diventi convinta, robusta, come una pianta che cresce e porta buoni frutti. Il Vangelo sia la vostra regola di vita[3], come lo fu per san Francesco d'Assisi.

Leggete il Vangelo, meditatelo, seguitelo: umiltà[4], semplicità, fraternità, servizio; tutto nella fiducia in Dio Padre, nella gioia di avere un Padre nei cieli, che vi ascolta sempre e parla al vostro cuore. Seguite la sua voce, e porterete frutto nell'amore!

Per saperne di più

[1] Papa Francesco, *Udienza generale,* piazza San Pietro, 3 aprile 2013.

[2] **S. Em. card. Angelo Scola.** Nato a Malgrate, arcidiocesi di Milano, il 7 novembre 1941; ordinato presbitero il 18 luglio 1970; eletto alla sede vescovile di Grosseto il 20 luglio 1991; ordinato vescovo il 21 settembre 1991; rinuncia il 14 settembre 1995; nominato rettore della Pontificia Università Lateranense il 15 luglio 1995; promosso alla sede patriarcale di Venezia il 5 gennaio 2002; creato cardinale nel concistoro del 21 ottobre 2003; trasferito a Milano il 28 giugno 2011.

[3] **Regola di vita.** Il nucleo originario della *Regola* risale certamente al 1209, quando il penitente Francesco di Pietro Bernardone di Assisi e i suoi primi compagni ricevettero da Papa Innocenzo III l'approvazione orale della breve "forma" di vita fatta scrivere da Francesco, come egli stesso dichiara nel suo *Testamento*:

> «E dopo che il Signore mi dette dei fratelli, nessuno mi mostrava che cosa dovessi fare, ma lo stesso Altissimo mi rivelò che dovevo vivere secondo la forma del santo Vangelo. E io lo feci scrivere con poche parole e con semplicità, e il signor Papa me la confermò» (*Test* 14-15: FF 116).

L'originaria "forma" di vita comprendeva verosimilmente un prologo con la promessa di obbedienza al Papa, i passi evangelici incontrati da Francesco e dai suoi primi compagni alla triplice apertura dei Vangeli in San Nicolò di Assisi, con l'aggiunta di «poche altre cose» che apparivano del tutto necessarie per la vita della fraternità (*1Cel* 32,1-2: FF 305).

La breve regola di vita «secondo la forma del santo Vangelo» scritta e approvata nel 1209 si è quindi allargata successivamente attraverso l'inserzione di norme comunitarie redatte durante la celebrazione dei capitoli annuali e approvate di volta in volta dalla sede apostolica, come attesta il vescovo Jacques de Vitry (1160/1170 - 1240) in una lettera dell'ottobre 1216 (Cfr. *Lettres de Jacques de Vitry*, éd. critique par R.B.C. Huygens, Leiden 1960, p. 76).

[4] **Umiltà e povertà.** Papa Francesco propone un cammino cristiano, una regola di vita, che ricalca quella di Francesco e dei suoi compagni: una vita di sequela del Signore nella sua povertà e umiltà, concretamente individuata nella condivisione del quotidiano dei poveri e dei mendicanti lungo la strada. Per il Papa scegliere semplicità e servizio ai poveri porta frutti nell'amore, e ciò lo si riscontra anche nei rapporti sociali, aspetto ben noto anche a Francesco e ai suoi. Per servire i poveri bisogna essere po-

veri e ciò comporta fare delle scelte "sociali", come è detto esplicitamente in un testo dell'*Anonimo Perugino*:

«Un giorno che Francesco si recò dal vescovo, questi gli disse: "La vostra vita mi sembra oltremodo dura e aspra, col non posseder nulla in questo mondo". Gli replicò il Santo: "Signore, se avessimo delle possessioni, per proteggerle avremmo bisogno di armi, perché è dalla proprietà che sorgono questioni e liti, e in tal modo l'amor di Dio e del prossimo viene impedito. Per questa ragione siamo decisi a non possedere nulla". E piacque al vescovo questa risposta». (*Anper* 17: FF 1506).

In questo testo la *proprietà* è collegata alla difesa con le *armi*: la povertà risulta dunque essere una scelta di convivenza pacifica, che vuole fare a meno delle armi. Si tratta di una visione del proprio rapporto di cittadinanza che colloca le relazioni con il prossimo prima della proprietà, che pone la convivenza con gli altri prima del denaro. L'umiltà però non è la condizione "povera" della vita terrena dell'uomo: essa è semplicemente un altro nome dell'amore divino per gli uomini che ha sempre la sua fonte nel Padre Altissimo. Nelle *Lodi di Dio Altissimo*, al versetto 4 nella seconda parte della lauda, troviamo l'accostamento umiltà-pazienza (Incarnazione-Passione):

«Tu sei amore e carità, Tu sei sapienza
Tu sei umiltà, Tu sei pazienza,
Tu sei bellezza, Tu sei sicurezza, Tu sei quiete» (*LodAl* 4: FF 261).

Francesco non percepisce l'amore del Padre se non nella *discesa* del Figlio verso l'uomo, cioè nell'Incarnazione. L'umiltà non è perciò principalmente un atteggiamento virtuoso. Essa è, alla radice, un "atto" e un atto di Dio, un atto del Padre, mediante il quale fa dono di se stesso all'uomo nell'Incarnazione del Figlio. L'umiltà dell'uomo è risposta all'iniziativa dell'amore divino, una risposta che si può dare non a parole ma solamente mediante il dono di sé stessi a Dio.

Francesco e la preghiera davanti al crocifisso[1]

Cari fratelli e sorelle, mi pongo anch'io con voi davanti alla sacra Sindone, e ringrazio il Signore che ci offre, con gli strumenti di oggi, questa possibilità.

Anche se avviene in questa forma, il nostro non è un semplice osservare, ma è un venerare, è uno sguardo di preghiera. Direi di più: è un lasciarsi guardare. Questo volto ha gli occhi chiusi, è il volto di un defunto, eppure misteriosamente ci guarda, e nel silenzio ci parla. Come è possibile? Come mai il popolo fedele, come voi, vuole fermarsi davanti a questa icona di un uomo flagellato e crocifisso? Perché l'uomo della Sindone ci invita a contemplare Gesù di Nazaret. Questa immagine – impressa nel telo – parla al nostro cuore e ci spinge a salire il Monte del Calvario, a guardare al legno della croce, a immergerci nel silenzio eloquente dell'amore.

Lasciamoci dunque raggiungere da questo sguardo, che non cerca i nostri occhi ma il nostro cuore. Ascoltiamo ciò che vuole dirci, nel silenzio, oltrepassando la stessa morte. Attraverso la sacra Sindone ci giunge la Parola[2] unica e ultima di Dio: l'amore fatto uomo, incarnato nella nostra storia; l'amore misericordioso di Dio che ha preso su di sé tutto il male del mondo per liberarci dal suo dominio. Questo volto sfigurato assomiglia a tanti volti di uomini e donne feriti da una vita non rispettosa della loro dignità, da guerre e violenze che colpiscono i più deboli... Eppure il volto della Sindone comunica una grande pace; questo corpo torturato esprime una sovrana maestà. È come se lasciasse trasparire un'energia contenuta ma potente, è come se ci dicesse: abbi fiducia, non perdere la speranza; la forza dell'amore di Dio, la forza del Risorto vince tutto.

Per questo, contemplando l'uomo della Sindone, faccio mia, in questo momento, la preghiera che san Francesco d'Assisi pronunciò davanti al crocifisso[3]:

Altissimo e glorioso Dio,
illumina le tenebre del cuore mio.
E dammi fede retta, speranza certa, carità perfetta[4],
senno e conoscimento, Signore,
che faccia il tuo santo e verace comandamento. Amen.

Per saperne di più

[1] Videomessaggio del Santo Padre Francesco in occasione dell'ostensione straordinaria della Sindone di Torino, Sabato Santo, 30 marzo 2013.

[2] **Pregare con la Parola del Signore.** Un lungo e complesso testo di preghiera compilato da frate Francesco fu intitolato dagli editori *Ufficio della Passione del Signore*, anche se in questo *Ufficio* Francesco intende celebrare l'intero mistero della Redenzione: dall'*Incarnazione* fino al ritorno del Signore, passando per la *Passione* (morte e risurrezione) e l'*Ascensione*.

Nell'*Ufficio della Passione del Signore*, in sintonia con la preghiera liturgica, dove la Chiesa prega unita a Cristo «sempre vivo a intercedere per noi» (*Eb* 7,25), nei primi salmi risuona la voce del Signore Gesù, che durante la Passione invoca l'aiuto del «Padre santo», mentre nei salmi successivi la preghiera di Cristo si alterna con quella della Chiesa, che esulta per le meraviglie che il Padre ha compiuto nel suo «Figlio diletto». E qui è importante osservare che i «salmi dell'*Ufficio della Passione*, letteralmente intessuti di versetti biblici di varia provenienza, non sono affatto un gioco combinatorio di citazioni, ma una preghiera che risponde pienamente alle esigenze interiori di Francesco, che non "cita" la Parola, ma prega con la Parola, trasformandola in spirito e vita». Per un approfondimento del tema, si consiglia il testo di padre Carlo Paolazzi, *Lettura degli "Scritti" di Francesco d'Assisi*, Edizioni Biblioteca Francescana, Milano 2002, p. 56.

[3] **Pregare davanti al crocifisso.** Nella *Preghiera davanti al crocifisso* (*PCr* 1-5: FF 276) si trovano delle bellissime parole che dicono però quanto Francesco sia ancora agli inizi del suo cammino spirituale. Infatti sarà diversa la preghiera del Francesco della Verna (due anni prima di morire) e del *Cantico*. L'itinerario spirituale del santo, durato vent'anni, lo farà crescere: carico di gioie e sofferenze ora Francesco vivrà solamente della lode di Dio con i suoi frati.

All'inizio del cammino, per Francesco Dio è l'Altissimo. Di conseguenza l'immagine che egli usa è quella della grandezza, della maestà. Il titolo *glorioso* esprime bene l'immagine sacra davanti alla quale Francesco prega, il Cristo trionfante del crocifisso di San Damiano, immagine vivente del Risorto «assunto nella Gloria» (*UffPass* 6,12: FF283).

I primi due versetti amplificano una invocazione del *Salmo* 17: «Dio mio, illumina le mie tenebre». Dall'oscurità in cui sembra trovarsi, Francesco si rivolge al Dio Altissimo e glorioso, chiedendo la capacità di conoscere e di comprendere alla luce della fede, della speranza e della carità, e di vivere, così, il comandamento del Signore.

⁴ **San Francesco e sant'Ambrogio.** Le tre virtù teologali accompagnate dagli stessi aggettivi sono presenti nel breve trattato di sant'Ambrogio *Sulla lettera ai Filippesi.* La formulazione di sant'Ambrogio può essere giunta a Francesco dalla predicazione o dalla catechesi, in quanto riaffiora a più riprese nella letteratura religiosa medievale.

«Il Signore è sempre vicino a tutti quelli che lo invocano con cuore sincero, *con fede retta, con speranza ferma, con carità perfetta*; egli infatti sa quello di cui avete bisogno prima che glielo domandiate: egli è sempre pronto a venire in soccorso in ogni necessità a tutti coloro che lo servono fedelmente. Perciò non dobbiamo preoccuparci gran che dei mali che ci sovrastano, quando abbiamo la certezza che Dio, nostra difesa, ci è vicinissimo secondo il detto: "Il Signore è vicino a chi ha il cuore ferito, egli salva gli spiriti affranti. Molte sono le sventure del giusto, ma lo libera da tutte il Signore" (*Sal* 33,19-20). Se noi ci sforziamo di compiere e di conservare quanto ci ha comandato, egli non tarda a renderci quello che ci ha promesso».

Ambrogio sta commentando *Filippesi* 4,4-6:

«Siate sempre lieti nel Signore, ve lo ripeto: siate lieti. La vostra amabilità sia nota a tutti. *Il Signore è vicino! Non angustiatevi per nulla*, ma in ogni circostanza fate presenti a Dio le vostre richieste con preghiere, suppliche e ringraziamenti. E la pace di Dio, che supera ogni intelligenza, custodirà i vostri cuori e le vostre menti in Cristo Gesù».

San Francesco medita come sant'Ambrogio, come san Paolo, sulla pace di Dio; mediante la Parola, la desidera. La pace non è frutto di trattati o di accordi. La pace supera ogni intelligenza, è un dono di Dio da richiedere umilmente nella preghiera e da accogliere nella perfetta letizia e nell'amabilità.

Anche Papa Francesco contempla questa pace donata nella Passione di Cristo:

«[...] il volto della Sindone comunica una grande pace; questo corpo torturato esprime una sovrana maestà. È come se lasciasse trasparire un'energia contenuta ma potente, è come se ci dicesse: abbi fiducia, non perdere la speranza; la forza dell'amore di Dio, la forza del Risorto vince tutto».

Francesco e il coraggio di spogliarsi[1]

Ha detto il vescovo Sorrentino[2] che è la prima volta, in ottocento anni, che un Papa viene qui. Nei giorni scorsi sui giornali e sui media si facevano fantasie: «Il Papa andrà a spogliare la Chiesa, spoglierà gli abiti dei vescovi, dei cardinali... si spoglierà lui stesso?». Questa è una buona occasione, dicevano, per invitare la Chiesa a spogliarsi. Ma la Chiesa siamo tutti, tutti siamo Chiesa, e tutti dobbiamo andare per la strada di Gesù che ha fatto una strada di spogliazione lui stesso, è diventato servo, servitore, ha voluto essere umiliato fino alla croce. E se noi vogliamo essere cristiani non c'è un'altra strada.

«Non possiamo fare un cristianesimo un po' più umano?» dicono. Senza croce, senza Gesù. Diventeremmo cristiani "di pasticceria", delle cose dolci, ma non cristiani veri. Di cosa deve spogliarsi la Chiesa? Di un pericolo gravissimo che minaccia ogni persona nella Chiesa, il pericolo della mondanità[3]. Il cristiano non può convivere con lo spirito del mondo, la mondanità che ci porta alla vanità, alla prepotenza, all'orgoglio. Questo è un idolo, e l'idolatria è il peccato più forte.

Quando nei media si parla della Chiesa, sembra che la Chiesa siano i preti, le suore, i cardinali... ma la Chiesa siamo tutti noi e tutti dobbiamo spogliarci di questa mondanità contraria allo Spirito di Gesù. La mondanità ti fa male. È tanto triste trovare un cristiano mondano, sicuro, secondo lui, della sicurezza che dà la fede e sicuro della sicurezza che dà il mondo. Non si può lavorare da tutte e due le parti. Gesù stesso ci diceva che non si può servire a due padroni, o Dio o il denaro (vanità, orgoglio, quella strada...). È impossibile cancellare con una mano quello che scriviamo con l'altra. Il Vangelo è il Vangelo, Dio è l'unico. Gesù si è fatto servitore del mondo[4].

Tanti di voi siete stati spogliati da questo mondo selvaggio che non dà lavoro, non aiuta, a cui non importa se ci sono tanti bambini che muoiono di fame nel mondo, che tante famiglie non hanno da mangiare o la dignità, che tanta gente deve fuggire la schiavitù o la fame, fuggire cercando la libertà e con tanto dolore trovare la morte come è successo ieri a Lampedusa. Oggi è un giorno di pianto. Queste cose le fa lo spirito del mondo.

È proprio ridicolo che un cristiano, un cristiano vero, un prete, un cardinale, una suora, un Papa vogliano andare sulla strada della mondanità. È un atteggiamento omicida. La mondanità spirituale uccide l'anima, uccide la persona, uccide la Chiesa. Quando Francesco ha fatto quel gesto di spogliarsi era un ragazzo giovane, che non aveva una tale forza: la forza di Dio l'ha spinto a fare questo.

Oggi qui chiediamo la grazia per tutti i cristiani, il Signore dia a tutti noi il coraggio di spogliarci dello spirito del mondo, la lebbra, il cancro della società, il nemico di Gesù. Chiedo al Signore che a tutti noi dia la grazia di spogliarci.

Per saperne di più

[1] Incontro con i poveri assistiti dalla Caritas, *Discorso del Santo Padre Francesco*, Sala della Spoliazione del vescovado, Assisi, 4 ottobre 2013.

[2] **S. Ecc. mons. Domenico Sorrentino.** Nato a Boscoreale, diocesi di Nola, il 16 maggio 1948; ordinato presbitero il 24 giugno 1972; eletto alla prelatura di Pompei con dignità di arcivescovo il 17 febbraio 2001; ordinato vescovo il 19 marzo 2001; nominato segretario della Congregazione per il culto divino e la disciplina dei sacramenti il 2 agosto 2003; trasferito ad Assisi - Nocera Umbra - Gualdo Tadino il 19 novembre 2005.

[3] **Senza nulla di proprio.** Francesco nei suoi scritti, anche mediante le continue citazioni bibliche, ricorda ai suoi frati come le avidità e le ricchezze portano inevitabilmente a paure, a conflitti e a litigi che allontanano dalla *pace* del Signore. Perciò chiede loro di non accettare mai denaro, ma solo cose necessarie per il corpo, ed essere come gli altri poveri (cfr. *Rnb* 2,6: FF 6). Francesco attribuisce a *pecunia* il significato di ogni bene che si acquisisce con la finalità di scambiarlo, proprio come si fa con le monete. I libri acquisiti dal convento, ad esempio, ma non finalizzabili a un uso dei frati (destinati quindi a essere rimessi sul mercato per scambiarli con altro), diverrebbero anch'essi *pecunia*. Francesco è un mercante, dunque in questo campo non è certo un ingenuo. Egli conserva la concretezza del mercante: è consapevole che ricchezza e povertà passano attraverso il denaro e per questo se ne occupa seriamente.

> «E restituiamo al Signore Dio Altissimo e sommo tutti i beni e riconosciamo che tutti i beni sono suoi e di tutti rendiamo grazie a lui, dal quale procede ogni bene. E lo stesso Altissimo e sommo, solo vero Dio abbia, e gli siano resi ed egli stesso riceva tutti gli onori e la riverenza, tutte le lodi e le benedizioni, ogni rendimento di grazie e ogni gloria, poiché suo è ogni bene ed egli *solo è buono*» (*Rnb* 17,17-18: FF 49).

Il tema della *restituzione* è un elemento centrale (insieme a quello dello *spirito del Signore* e della *non appropriazione*) dell'esperienza di Francesco. La restituzione attraversa ogni situazione, ogni momento della vita. La restituzione è una risposta globale, è una consapevolezza nell'offrire (di non offrire *nulla di proprio*), è un riconoscimento di una gratuita iniziativa di Dio che dona tutti i beni.

[4] **La ricompensa del servo.** Francesco mette in guardia di fronte all'idea di ricompensa perché non è così facile essere sicuri che si tratti della retribuzione voluta da Dio, e non invece di qualche genere di guadagno che appaga l'egoismo, un'*appropriazione* contraria a una vita *senza nulla di proprio*.

Al tempo stesso Francesco non dimentica che nelle *beatitudini* evangeliche c'è la promessa di una ricompensa, quindi si può legittimamente attenderla, perché è promessa dal Signore stesso. E anche se in Matteo la parola *ricompensa* compare una sola volta alla fine delle beatitudini (*Rallegratevi ed esultate, perché grande è la vostra ricompensa nei cieli*), esse sono tutte sostenute da questa convinzione di un ribaltamento, che inizia fin d'ora e che si compirà nel Regno: la condizione di povertà, o di pianto, si muterà in ricchezza e gioia, in prosperità e *pace*.

Francesco usa spesso il termine *ricompensa* (*merces*), con un duplice significato.

Da una parte indica la ricompensa di cui parla il Vangelo, che talvolta Francesco collega strettamente al tema dell'*elemosina*. È quella che attendiamo alla fine della vita:

> «Gli uomini, infatti, perdono tutte le cose che lasciano in questo mondo, ma portano con sé la ricompensa della carità e le elemosine che hanno fatto, delle quali avranno dal Signore il premio e la degna ricompensa» (*2Lf* 31: FF 192).

Dall'altra parte, Francesco ribadisce la sua preoccupazione di fondo: egli mette in guardia da un cattivo desiderio di ricompensa che può insinuarsi nell'agire umano, perché talvolta si cela anche sotto azioni apparentemente virtuose.

Esemplare, a questo proposito, l'*Ammonizione* XXI, dove la parola *ricompensa* ritorna ben tre volte, con un'accezione sostanzialmente egoistica.

Il servo di Dio invece non si lascia prendere da desideri vani e segue gioiosamente il proprio Signore, nella lode e nel ringraziamento, spiritualmente pacificato.

Francesco
e l'eucaristia[1]

Noi siamo tra le piaghe di Gesù e queste piaghe hanno bisogno di essere ascoltate, di essere riconosciute.

Mi viene in mente quando il Signore Gesù andava in cammino con quei due discepoli tristi, il Signore Gesù alla fine ha fatto vedere le sue piaghe e loro lo hanno riconosciuto, poi il pane dove era lui.

Mio fratello Domenico[2] mi diceva che qui si fa l'adorazione, anche quello è pane ma ha bisogno di essere ascoltato perché è Gesù presente e nascosto dietro la semplicità e la mitezza di un pane.

Qui è Gesù nascosto in questi ragazzi, questi bambini, queste persone. Sull'altare adoriamo la carne di Gesù, in loro troviamo le piaghe di Gesù. Gesù nascosto nell'eucaristia[3] come in queste piaghe. Hanno bisogno di essere ascoltate[4].

Forse non tanto sui giornali, come notizia: quello è un ascolto che dura uno, due, tre giorni... Devono essere ascoltati da quelli che si dicono cristiani. Il cristiano adora Gesù, cerca Gesù, il cristiano sa riconoscere le piaghe di Gesù.

E oggi tutti noi qui abbiamo la necessità di dire che queste piaghe devono essere ascoltate.

Ma c'è un'altra cosa che infonde speranza: Gesù quando è risorto era bellissimo. Non aveva nel suo corpo lividi o ferite. Soltanto ha voluto conservare le piaghe e portarle con sé in Cielo. Ora le piaghe di Gesù sono in Cielo davanti al Padre[5]. Noi curiamo le piaghe di Gesù qui e lui dal Cielo dice a tutti noi: «Ti sto aspettando».

Così sia.

Per saperne di più

[1] Incontro con i bambini disabili e ammalati ospiti dell'Istituto Serafico, *Discorso del Santo Padre Francesco*, Assisi, 4 ottobre 2013.

[2] **Mio fratello Domenico.** Bergoglio arriva ad Assisi con un quarto d'ora di anticipo rispetto al programma prefissato. Prima di prendere la parola nella chiesa, si ferma a salutare tutti i piccoli ospiti che lo hanno atteso e a ognuno dà una carezza, un sorriso, una parola di conforto. È accolto dal saluto del vescovo di Assisi Domenico Sorrentino, a cui il Papa si rivolge più volte con l'espressione *mio fratello Domenico*. All'inizio del suo intervento, Bergoglio tralascia il discorso preparato per dire, improvvisando, parole *in difesa dei più piccoli che vivono nella malattia e nella sofferenza*.

[3] **Eucaristia.** San Francesco è ben consapevole dell'importanza di radicarsi nell'oggettività della fede, cioè nella rivelazione, che egli riconosce nel Signore che parla nel Vangelo e che è presente nel sacramento celebrato dalla Chiesa: Parola ed eucaristia.

La pacificazione e la riconciliazione, la pace e la salvezza per Francesco sono da cercare nell'eucaristia. Egli raccomanda la venerazione al santissimo corpo e sangue del Signore, l'eucaristia nella quale *le cose che sono nei cieli e quelle che sono sulla terra, sono state pacificate e riconciliate a Dio onnipotente* (cfr. *LOrd* 1,13: FF 217 e cfr. anche *Col* 1,20).

Al tempo di Francesco, il culto dell'eucaristia era in una situazione di decadenza e in questo contesto si comprende la promulgazione dei cosiddetti "precetti della Chiesa", formulati nel Lateranense IV (1215): *si deve andare a messa tutte le domeniche e feste comandate [...] i fedeli si devono confessare almeno una volta l'anno e si devono comunicare a Pasqua.*

Per il santo d'Assisi l'eucaristia realizza la presenza visibile di Gesù Cristo. La sua teologia eucaristica è perciò tutta contenuta nella sua cristologia, la quale è innanzitutto trinitaria. Gesù è in primo luogo il Figlio e il Verbo, quindi il Dio-Uomo, il mediatore nel quale sono riunite la grandezza divina e la creaturalità umana. L'umanità di Cristo, però, è sempre considerata insieme alla preesistenza divina e alla glorificazione pasquale. Il titolo cristologico più frequente è quello di *Signore*, in prospettiva liturgica e cosmica, ma tale signoria di Cristo si esprime *kenoticamente* nel suo farsi fratello e nell'amore umile del servizio e della croce. È questo il dono che san Francesco vede quotidianamente rinnovato nell'eucaristia.

Per approfondire questo tema, si veda l'articolo di padre Johannes B. Freyer "La base cristologica della visione eucaristica di Francesco d'Assisi", in *Italia Francescana* 81 (2006), pp. 31-43.

La riflessione sull'umiltà di Dio in Francesco non rimane fine a se stessa: per il santo implica un pieno coinvolgimento esistenziale.

«O ammirabile altezza e stupenda degnazione! O umiltà sublime! O sublimità umile, che il Signore dell'universo, Dio e Figlio di Dio, così si umilia a tal punto da nascondersi, per la nostra salvezza, sotto poca apparenza di pane! Guardate, fratelli, l'umiltà di Dio, e *aprite davanti a lui i vostri cuori*; umiliatevi anche voi, perché siate da lui esaltati. Nulla, dunque, di voi trattenete per voi, affinché tutti e per intero vi accolga colui che tutto a voi si offre» (*LOrd* 27-29: FF 221).

Nel Signore Gesù Cristo tutte le cose sono state riconciliate a Dio e l'*umiltà sublime* del suo quotidiano nascondersi nel pane è un evento cosmico, una donazione totale d'amore che deve essere contraccambiata. Francesco legge in termini di "espropriazione" il dono vicendevole di Dio e dell'uomo. Ecco l'immagine di Cristo che ha colpito Francesco: il Figlio di Dio che si abbassa alla nostra condizione umana.

[4] **Vedere e credere.** Papa Francesco vede nei bambini ammalati le piaghe di Gesù, un Gesù nascosto in loro, da scoprire, da ascoltare, da onorare come si onora *una poca forma di pane*. Anche per san Francesco, la salute/salvezza dei cuori, la loro pacificazione, la disposizione ad accogliere *sine proprio* lo Spirito di amore del Signore, passa attraverso quella *poca forma di pane*; giunge quindi a noi anche mediante l'ascolto e l'accoglienza del sofferente, dell'umile. E poiché quest'umiltà di Dio è, in sostanza, quella dell'Incarnazione, si giustifica anche il parallelo, caro a Francesco, tra eucaristia e Incarnazione:

«Ecco ogni giorno egli si umilia, come quando dalla sede regale discese nel grembo della Vergine; ogni giorno egli stesso viene a noi in apparenza umile; ogni giorno discende dal seno del Padre sull'altare nelle mani del sacerdote» (*Am* 1,16-18: FF 144).

Papa Francesco, come san Francesco, "vede" *nello Spirito* la divinità di Gesù che si nasconde nell'umanità. San Francesco, come un tempo hanno saputo fare i santi apostoli, invitava i suoi frati a *vedere e credere*.

«E perciò lo Spirito del Signore, che abita nei suoi fedeli, è lui che riceve il santissimo corpo e il sangue del Signore» (*Am* 1,12: FF 143).

Per quanto riguarda la relazione del pensiero di Francesco, tra *vedere* e *vedere e credere* per opera dello Spirito, il riferimento è al testo di fra Cesare Vaiani, *Vedere e credere. L'esperienza cristiana di Francesco d'Assisi*, Glossa, Milano 2000, pp. 64-110.

[5] **La comunione eucaristica: evento trinitario.** La comunione eucaristica è un evento trinitario: nello Spirito, si accoglie con fede il Verbo, il quale a sua volta introduce nel mistero, altrimenti inaccessibile, del Padre. È lo Spirito in noi che riceve il corpo e il sangue del Signore e che riceve anche la sua *pace*. Il riferimento trinitario legato all'eucaristia si ritrova anche nella *Lettera a tutto l'ordine*:

> «Se poi nel luogo vi fossero più sacerdoti, l'uno, per amore di carità, si accontenti dell'ascolto della celebrazione dell'altro sacerdote, poiché il Signore Gesù Cristo, riempie presenti e assenti che sono pieni di lui. Egli infatti, sebbene sembri essere in più luoghi, tuttavia rimane indivisibile e non conosce detrimento di sorta, ma uno ovunque, come a lui piace, opera insieme con il Signore Iddio Padre e con lo Spirito Santo Paraclito nei secoli dei secoli. Amen» (cfr. *LOrd* 31-33: FF 223).

Francesco affronta il tema della centralità della presenza di Cristo nell'eucaristia e discretamente evoca anche il tema della dimora di Dio nel fedele. Cristo, uno e indivisibile, opera sempre con il Padre e lo Spirito.

Francesco
e l'amore per la Trinità[1]

Il Padre è la fonte ultima di tutto, fondamento amoroso e comunicativo di quanto esiste. Il Figlio, che lo riflette, e per mezzo del quale tutto è stato creato, si unì a questa terra quando prese forma nel seno di Maria. Lo Spirito, vincolo infinito d'amore, è intimamente presente nel cuore dell'universo animando e suscitando nuovi cammini. Il mondo è stato creato dalle tre Persone come unico principio divino, ma ognuna di loro realizza questa opera comune secondo la propria identità personale. Per questo, «quando contempliamo con ammirazione l'universo nella sua grandezza e bellezza, dobbiamo lodare tutta la Trinità»[2].

Per i cristiani, credere in un Dio unico che è comunione trinitaria porta a pensare che tutta la realtà contiene in sé un'impronta propriamente trinitaria[3].

San Bonaventura[4] arrivò ad affermare che l'essere umano, prima del peccato, poteva scoprire come ogni creatura «testimonia che Dio è trino»[5]. Il riflesso della Trinità si poteva riconoscere nella natura «quando né quel libro era oscuro per l'uomo, né l'occhio dell'uomo si era intorbidato»[6].

Il santo francescano ci insegna che ogni creatura porta in sé una struttura propriamente trinitaria, così reale che potrebbe essere spontaneamente contemplata se lo sguardo dell'essere umano non fosse limitato, oscuro e fragile. In questo modo ci indica la sfida di provare a leggere la realtà in chiave trinitaria.

Le Persone divine sono relazioni sussistenti, e il mondo, creato secondo il modello divino, è una trama di relazioni. Le creature tendono verso Dio, e a sua volta è proprio di ogni essere vivente tendere verso un'altra cosa, in modo tale che in seno all'universo possiamo incontrare innumerevoli relazioni costanti che si intrecciano segretamente[7]. Questo non solo ci invita ad ammirare i molteplici legami che esistono tra le creature, ma ci porta anche a scoprire una chiave della nostra propria realizzazione. Infatti la persona umana tanto più cresce, matura e si santifica quanto più entra in relazione, quando esce da se stessa per vivere in comunione con Dio, con gli altri e con tutte le creature. Così assume nella propria esistenza quel dinamismo trinitario che Dio ha impresso in lei fin dalla sua creazione.

Tutto è collegato, e questo ci invita a maturare una spiritualità della solidarietà globale che sgorga dal mistero della Trinità.

Per saperne di più

[1] Lettera enciclica *Laudato si'* del Santo Padre Francesco sulla cura della casa comune, solennità di Pentecoste, 24 maggio 2015.

[2] Giovanni Paolo II, *Catechesi* (2 agosto 2000), 4: *Insegnamenti* (23 febbraio 2000), 112.

[3] **Un amore trinitario.** L'amore di Francesco per Dio lo spinge ad avere un ineffabile amore per le creature di Dio: con dolcezza contemplava in esse la sapienza, la potenza e la bontà del Creatore (cfr. *1Cel* 80: FF 458).
Una pacificazione universale che nasce dalla prospettiva con cui Francesco interpreta la vita: la comunione d'amore trinitaria, ben espressa nell'orazione conclusiva della *Lettera a tutto l'ordine*:

> «Onnipotente, eterno, giusto e misericordioso Iddio, concedi a noi miseri di fare, per tuo amore, ciò che sappiamo che tu vuoi, e di volere sempre ciò che a te piace, affinché, interiormente purificati, interiormente illuminati e accesi dal fuoco dello Spirito Santo, possiamo seguire le orme del tuo Figlio diletto, il Signore nostro Gesù Cristo, e con l'aiuto della tua sola grazia, giungere a te, o Altissimo, che nella Trinità perfetta e nell'Unità semplice vivi e regni e sei glorificato, Dio onnipotente per tutti i secoli dei secoli. Amen» (*LOrd* 50-52: FF 233).

In questa orazione troviamo una mirabile definizione della vita cristiana e della vita dei Frati minori come evento e cammino trinitario.
Francesco si ritiene misero e sa che tutto ciò che può fare *per amore di Dio* è una concessione misericordiosa, un aiuto della sola sua grazia.
La vita cristiana *nasce* per l'azione interiore dello Spirito, *cresce* nella sequela del Signore Gesù Cristo, *giunge a pieno compimento* nell'incontro definitivo con il Padre che vive glorioso e onnipotente «nella Trinità perfetta e nell'Unità semplice», in una pace vera in Cielo.

[4] **San Bonaventura.** Benedetto XVI, nell'*Udienza generale* del 3 marzo 2010, narrando la vita di san Bonaventura, disse:

> «Nato probabilmente nel 1217 e morto nel 1274, san Bonaventura visse nel XIII secolo, un'epoca in cui la fede cristiana, penetrata profondamente nella cultura e nella società dell'Europa, ispirò imperiture opere nel campo della letteratura, delle arti visive, della filosofia e della teologia. [...] Si chiamava Giovanni da Fidanza. Un episodio che accadde quando era ancora ragazzo segnò profondamente la

sua vita, come egli stesso racconta. Era stato colpito da una grave malattia e neppure suo padre, che era medico, sperava ormai di salvarlo dalla morte. Sua madre, allora, ricorse all'intercessione di san Francesco d'Assisi, da poco canonizzato. E Giovanni guarì. La figura del poverello di Assisi gli divenne ancora più familiare qualche anno dopo, quando si trovava a Parigi, dove si era recato per i suoi studi. Aveva ottenuto il diploma di maestro d'arti, che potremmo paragonare a quello di un prestigioso liceo dei nostri tempi. A quel punto, come tanti giovani del passato e anche di oggi, Giovanni si pose una domanda cruciale: "Che cosa devo fare della mia vita?". Affascinato dalla testimonianza di fervore e radicalità evangelica dei Frati minori, che erano giunti a Parigi nel 1219, Giovanni bussò alle porte del convento francescano di quella città, e chiese di essere accolto nella grande famiglia dei discepoli di san Francesco».

[5] **Una sintesi trinitaria.** Tutto lo sforzo di approfondimento del mistero trinitario, compiuto in molti secoli, trova la sua sintesi nella dottrina trinitaria di san Tommaso d'Aquino, anche se le sintesi realizzate da Alessandro di Hales (morto nel 1245) e da san Bonaventura (morto nel 1274) sono assai notevoli e, soprattutto, più "coinvolgenti", per il fatto che, sull'esempio di Riccardo di san Vittore, san Bonaventura vede nella Trinità *un mistero d'amore*. Egli afferma che lo Spirito Santo procede dal mutuo amore del Padre per il Figlio e del Figlio per il Padre, e che perciò egli è il nodo che unisce due amori reciproci (in *IV libros Sententiarum*), ed è il dono alle creature: dono fatto nel tempo, ma già esistente dall'eternità (cfr. Editoriale, "La Trinità mistero d'amore", *La Civiltà Cattolica*, 1997, III, p. 463).

[6] *Quaest. disp. de Myst. Trinitatis*, 1, 2, concl.

[7] Cfr. Tommaso d'Aquino, *Summa Theologiae* I, q. 11, art. 3; q. 21, art. 1, ad 3; q. 47, art. 3.

Francesco
e la gerarchia della Chiesa[1]

Cari fratelli nell'episcopato,
con queste righe desidero esprimere la mia vicinanza a ciascuno di voi e alle Chiese in mezzo alle quali lo Spirito di Dio vi ha posto come pastori. Questo stesso Spirito possa animare con la sua sapienza creativa l'Assemblea generale che state iniziando, dedicata specialmente alla vita e alla formazione permanente dei presbiteri.

A tale proposito, il vostro convenire ad Assisi fa subito pensare al grande amore e alla venerazione che san Francesco nutriva per la santa Madre Chiesa gerarchica[2], e in particolare proprio per i sacerdoti, compresi quelli da lui riconosciuti come «pauperculos huius saeculi»[3].

Tra le principali responsabilità che il ministero episcopale vi affida c'è quella di confermare, sostenere e consolidare questi vostri primi collaboratori, attraverso i quali la maternità della Chiesa raggiunge l'intero popolo di Dio. Quanti ne abbiamo conosciuti! Quanti con la loro testimonianza hanno contribuito ad attrarci a una vita di consacrazione! Da quanti di loro abbiamo imparato e siamo stati plasmati! Nella memoria riconoscente ciascuno di noi ne conserva i nomi e i volti. Li abbiamo visti spendere la vita tra la gente delle nostre parrocchie, educare i ragazzi, accompagnare le famiglie, visitare i malati a casa e all'ospedale, farsi carico dei poveri, nella consapevolezza che «separarsi per non sporcarsi con gli altri è la sporcizia più grande»[4]. Liberi dalle cose e da sé stessi, rammentano a tutti che abbassarsi senza nulla trattenere è la via per quell'altezza che il Vangelo chiama carità, e che la gioia più vera si gusta nella fraternità vissuta.

I sacerdoti santi sono peccatori perdonati e strumenti di perdono. La loro esistenza parla la lingua della pazienza e della perseveranza; non sono rimasti turisti dello spirito, eternamente indecisi e insoddisfatti, perché sanno di essere nelle mani di uno che non viene meno alle promesse e la cui provvidenza fa sì che nulla possa mai separarli da tale appartenenza. Questa consapevolezza cresce con la carità pastorale con cui circondano di attenzione e di tenerezza le persone loro affidate, fino a conoscerle una a una.

Sì, è ancora tempo di presbiteri di questo spessore, "ponti" per l'incontro tra Dio e il mondo, sentinelle capaci di lasciar intuire una ricchezza altrimenti perduta. [...] Del resto, fratelli, voi sapete che non servono preti clericali il cui comportamento rischia di allontanare la gente dal Signore, né preti funzionari che, mentre svolgono un ruolo, cercano lontano da lui la propria consolazione. Solo chi tiene fisso lo sguardo su ciò che è davvero essenziale può rinnovare il proprio sì al dono ricevuto e, nelle diverse stagioni della vita, non smettere di fare dono di sé; solo chi si lascia conformare al Buon Pastore trova unità, pace e forza nell'obbedienza del servizio; solo chi respira nell'orizzonte della fraternità presbiterale esce dalla contraffazione di una coscienza che si pretende epicentro di tutto, unica misura del proprio sentire e delle proprie azioni.

Per saperne di più

[1] *Lettera del Santo Padre Francesco* ai partecipanti all'Assemblea generale straordinaria della Conferenza Episcopale Italiana, 8 novembre 2014.

[2] **Chiesa gerarchica.** Tutta la vita di Francesco è accompagnata dalla costante presenza di un rapporto con gli altri, di cui gli scritti e le biografie sono un'eco fedele: dall'incontro con il lebbroso all'arrivo dei primi compagni fino ai problemi e alle "crisi" con i suoi frati negli ultimi anni di vita. Francesco sa che la pace da lui annunciata è per tutti gli uomini; viene da Dio come Parola rinnovatrice, creatrice. I frati, dono di Dio per Francesco, sono chiamati a non tenere nulla per loro e a dare tutto ciò che hanno come dono salvifico, salutare. E l'umile frate di Assisi non è mai il *primum*, in quanto il primo posto è inequivocabilmente di Dio. I fratelli, pur non essendo lo scopo della vita di Francesco, sono costantemente presenti come un dono, nel quale si manifesta il Signore stesso, che resta l'unico scopo della vita di Francesco.
Con i suoi frati Francesco sta nella Chiesa, non perché formata da santi, o perché accogliente, profetica o perché si impegna seriamente per il Regno di Dio. Francesco fa la scelta di cattolicità e sottomissione alla Chiesa gerarchica perché è solo in essa che "vede" il Signore. La sua fede in Gesù Cristo è generata dalla Parola e nutrita dai sacramenti. Animato dallo Spirito del Signore Francesco «nient'altro vede in questo mondo dell'Altissimo Figlio di Dio se non il suo santissimo corpo e sangue, che solo i sacerdoti (anche peccatori) ricevono e amministrano agli altri» (Cfr. *2Test* 8-10: FF 113).

[3] **Sacerdoti poverelli di questo mondo.** La frase citata dal Papa è tratta dal *Testamento* di san Francesco:

> «Poi il Signore mi dette e mi dà una così grande fede nei sacerdoti che vivono secondo la forma della santa Chiesa romana, a motivo del loro ordine, che se mi facessero persecuzione, voglio ricorrere proprio a loro. E se io avessi tanta sapienza, quanta ne ebbe Salomone, e trovassi dei sacerdoti poverelli di questo mondo (*pauperculos sacerdotes huius saeculi*), nelle parrocchie in cui dimorano non voglio predicare contro la loro volontà» (*Test* 6-7: FF 112).

[4] **Tolstoj e Dossetti.** Ne' *I diari* di Lev Nikolàevič Tolstoj troviamo questa citazione di Papa Francesco. Il 22 aprile 1889, infatti, Tolstoj scriveva:

> «Non è possibile purificarsi da solo o da soli; purificarsi sì, ma insieme; separarsi per non sporcarsi è la sporcizia più grande».

Molto interessante è il commento a questa frase proposto dal presbitero, giurista, politico e teologo Giuseppe Dossetti (Genova, 13 febbraio 1913 - Oliveto di Monteveglio, 15 dicembre 1996), all'interno del suo *Discorso dell'Archiginnasio* (1986):

«Il che può essere vero: anzi si può convenire che chi si facesse monaco per questo, sarebbe in partenza un monaco fallito. Perché, al contrario, il vero monaco è tale e lo diventa sempre più quanto più *sente in sé* e *su di sé* l'impurità e il peccato *proprio* e *di tutto il mondo*, in una solidarietà *sempre sofferta* e *sempre ricomposta* momento per momento e unicamente nella fiducia, nella pura misericordia di Dio che *solo* purifica e giustifica e salva tutti gli uomini, il santo e il peccatore che egualmente e umilmente si rivolgono a lui» (in Dossetti G., *La parola e il silenzio. Discorsi e scritti 1986-1995*, Paoline, Milano 2005, pp. 46-47*).

Francesco, testimone e artefice di pace e fraternità[1]

C ari fratelli e sorelle abitanti tutti di Loppiano[2], buonasera. Con voi saluto anche tutte le persone che oggi popolano la cittadella voluta da Chiara Lubich[3], ispirata al Vangelo della fraternità – quella fraternità universale – e coloro che da ogni angolo del mondo sono collegati e partecipano alla festa per i primi cinquant'anni della sua fondazione. Loppiano è una realtà che vive al servizio della Chiesa e del mondo, per la quale ringraziare il Signore; una cittadella che è testimonianza viva ed efficace di comunione tra persone di diverse nazioni, culture e vocazioni, avendo anzitutto cura nel quotidiano, di mantenere tra voi la mutua e continua carità.

Sono contento che abbiate scelto per questa vostra ricorrenza il giorno in cui in tutta la Chiesa si festeggia san Francesco d'Assisi, testimone e artefice di pace e fraternità. È una felice coincidenza anche per me, davvero.

Gli abitanti di Loppiano, quelli che vivono stabilmente e quelli che vi trascorrono un periodo di esperienza e di formazione, vogliono diventare esperti nell'accoglienza reciproca e nel dialogo, operatori di pace, generatori di fraternità.

Proseguite con rinnovato slancio su questa strada, vi auguro che sappiate restare fedeli e possiate incarnare sempre meglio il disegno profetico di questa cittadella fiorita dal carisma dell'unità proprio cinquant'anni fa. Vivere questo in sintonia profonda con il messaggio del concilio Vaticano II che allora si stava celebrando, il disegno cioè di testimoniare, nell'amore reciproco verso tutti, la luce e la sapienza del Vangelo. Loppiano scuola di vita, dunque, in cui vi è un unico maestro: Gesù.

Sì, una città scuola di vita per far ri-sperare il mondo, per testimoniare che il Vangelo è davvero il lievito e il sale della civiltà nuova dell'amore. Ma per questo, attingendo alla linfa spirituale del Vangelo, occorre immaginare e sperimentare una nuova cultura in tutti i campi della vita sociale: dalla famiglia alla politica, all'economia. Cioè la cultura delle relazioni. Principio della sapienza è il sincero desiderio di istruzione, la cura dell'istruzione è amore. Non è un caso che a Loppiano abbia sede, da qualche anno, l'Istituto universitario Sophia[4], eretto dalla Santa Sede. C'è un urgente bisogno, infatti, di giovani, di uomini e donne che, oltre a essere opportunamente preparati nelle varie discipline, siano al tempo stesso impregnati della sapienza che sgorga dall'amore di Dio.

Cari amici, di cuore auguro, a Loppiano e a tutti voi, di guardare avanti e guardare avanti sempre, guardare avanti e di puntare in alto con fiducia, coraggio e fantasia. Niente mediocrità.

Vi affido a Maria Theotokos, Madre di Dio, che vi accoglie tutti nel santuario al cuore della cittadella. E a voi chiedo di pregare per me.

Vi saluto e vi benedico.

Per saperne di più

[1] Videomessaggio del Santo Padre Francesco in occasione del cinquantesimo anniversario di fondazione della Cittadella di Loppiano, da: *L'Osservatore Romano*, CLIV, 227, 4 settembre 2014.

[2] **Cittadella di Loppiano.** «Perché non trasformare le mariapoli da temporanee in permanenti?», si erano domandati Chiara Lubich e la prima comunità dei Focolari già negli anni Cinquanta. Furono proprio quei primi incontri estivi sulle Dolomiti chiamati "mariapoli" (letteralmente "città di Maria") che ispirarono la nascita di Loppiano: un luogo in cui il Vangelo fosse codice di vita non solo di una vacanza, ma della quotidianità, dall'alba al tramonto. Un'idea che ebbe nuovo impulso alcuni anni dopo, nel 1962, in Svizzera. Ammirando da una collina l'abbazia benedettina di Einsiedeln, Chiara immaginò una cittadella che avrebbe dovuto concretizzare la legge evangelica dell'amore reciproco, avendo in sé gli elementi di una città moderna: case, chiese, negozi, campi per lo sport, posti di lavoro, industrie, scuole.

Nel 1964 nasce la cittadella di Loppiano. Le prime famiglie arrivano a popolare la mariapoli; la falegnameria *Azur* e il *Centro Ave* iniziano la loro attività. A Natale del 1966 nascono i complessi musicali *Gen Rosso* e *Gen Verde* e l'8 marzo 1968 è inaugurata ufficialmente la cittadella.

[3] **Chiara Lubich e la spiritualità francescana.** Chiara Lubich (Trento, 22 gennaio 1920 - Rocca di Papa, 14 marzo 2008) è nota, in Italia e all'estero, soprattutto quale fondatrice del movimento dei Focolari. La spiritualità di Chiara è legata a quella di san Francesco, tanto che cambiò il suo nome (Silvia) in Chiara all'atto di farsi terziaria francescana:

«Il nome di Chiara. Santa Chiara richiama la *claritas*, termine che ci sta tanto a cuore, protesi come siamo a *clarificare* le cose umane e cioè a portare la luce del soprannaturale nei più vari ambiti terreni: nella politica, nell'arte, nell'economia, nella scienza, nell'educazione...».

Così disse Chiara Lubich quando parlò di affinità tra la spiritualità francescana e la spiritualità dei Focolari ad Assisi, il 26 ottobre 2000 (titolo dell'incontro: *Carismi in dialogo e in comunione nella Chiesa cattolica*; padre Giacomo Bini presentò la Famiglia francescana e Chiara il movimento dei Focolari):

«[...] Interessante e nuova per me è la sottolineatura dell'*unità*, tipico nostro carisma, che appare nella Bolla del Papa Innocenzo IV il quale, accondiscendendo alle suppliche di Chiara, abbadessa di San Damiano in Assisi, e alle sorelle di lei, conferma in perpetuo per loro tutte e per quelle che a loro succederanno *la forma di vita e il modo di santa unità e di altissima povertà*. Santa Chiara stessa afferma che le poverelle si sono raccolte insieme per vivere nella *santa unità*: "Siano sollecite di conservare sempre reciprocamente l'unità della scambievole carità, che è il vincolo della perfezione". *Forma di vita* che nella sostanza riproduce la *Regola* e la vita dei Frati minori e forma di vita pure del terz'ordine francescano. L'unità, quindi, sembrerebbe al primo posto anche nella spiritualità francescana, mentre l'altissima povertà, che nel mondo in genere si pensa l'ideale per eccellenza, il solo ideale di san Francesco, pare venga dopo queste definizioni e come mezzo [...]. Il *senza proprio*, poi, che per Francesco significava una espropriazione totale, esteriore e interiore, e per santa Chiara quell'abnegazione di cui parla la Bolla di canonizzazione, possono trovare in Gesù crocifisso, totalmente annientato nell'abbandono, oltre che fisicamente anche spiritualmente, il modello perfetto e insuperabile».

[4] **Istituto universitario Sophia.** L'Istituto universitario Sophia (IUS) è un centro di formazione e di ricerca accademica, in cui s'incontrano l'esistenza e il pensiero, le diverse culture e discipline, in un contesto a forte impianto relazionale. Espressione del movimento dei Focolari (Opera di Maria), è stato promosso dalla fondatrice Chiara Lubich, impostato e presieduto dall'amico Piero Coda (il 26 luglio 2014 nominato da Papa Francesco membro della Commissione teologica internazionale), realizzato grazie a un validissimo gruppo internazionale di docenti. Ha sede a Loppiano - Incisa in Val d'Arno (Firenze), e in futuro è prevista l'apertura di sedi locali in altri Paesi, con specifici obiettivi di ricerca.

Francesco
e la vocazione a custodire[1]

L a vocazione del custodire, però, non riguarda solamente noi cristiani, ha una dimensione che precede e che è semplicemente umana, riguarda tutti. È il custodire l'intero creato, la bellezza del creato, come ci viene detto nel Libro della Genesi e come ci ha mostrato san Francesco d'Assisi: è l'avere rispetto per ogni creatura di Dio e per l'ambiente in cui viviamo. È il custodire la gente, l'aver cura di tutti, di ogni persona, con amore, specialmente dei bambini, dei vecchi, di coloro che sono più fragili e che spesso sono nella periferia del nostro cuore. È l'aver cura l'uno dell'altro nella famiglia: i coniugi si custodiscono reciprocamente, poi come genitori si prendono cura dei figli, e col tempo anche i figli diventano custodi dei genitori. È il vivere con sincerità le amicizie, che sono un reciproco custodirsi nella confidenza, nel rispetto e nel bene. In fondo, tutto è affidato alla custodia dell'uomo, ed è una responsabilità che ci riguarda tutti. Siate custodi dei doni di Dio!

E quando l'uomo viene meno a questa responsabilità di custodire, quando non ci prendiamo cura del creato e dei fratelli, allora trova spazio la distruzione e il cuore inaridisce. In ogni epoca della storia, purtroppo, ci sono degli "Erode" che tramano disegni di morte, distruggono e deturpano il volto dell'uomo e della donna.

Vorrei chiedere, per favore, a tutti coloro che occupano ruoli di responsabilità in ambito economico, politico o sociale, a tutti gli uomini e le donne di buona volontà: siamo "custodi" della creazione, del disegno di Dio iscritto nella natura, custodi dell'altro, dell'ambiente; non lasciamo che segni di distruzione e di morte accompagnino il cammino di questo nostro mondo! Ma per "custodire" dobbiamo anche avere cura di noi stessi! Ricordiamo che l'odio, l'invidia, la superbia sporcano la vita! Custodire vuol dire allora vigilare sui nostri sentimenti, sul nostro cuore[2], perché è proprio da lì che escono le intenzioni buone e cattive: quelle che costruiscono e quelle che distruggono! Non dobbiamo avere paura della bontà, anzi neanche della tenerezza! [...]

Chiedo l'intercessione della Vergine Maria, di san Giuseppe, dei santi Pietro e Paolo, di san Francesco, affinché lo Spirito Santo accompagni il mio ministero, e a voi tutti dico: pregate per me!

Per saperne di più

[1] Santa messa, imposizione del pallio e consegna dell'anello del Pescatore per l'inizio del ministero petrino del vescovo di Roma, *Omelia del Santo Padre Francesco*, piazza San Pietro, solennità di san Giuseppe, 19 marzo 2013.

[2] **Pacificare il cuore e avere gli stessi sentimenti di Cristo.** Le *Lodi di Dio Altissimo* (poste prima di questo capitolo) possono aiutare a comprendere come per Francesco la cura e il controllo dei sentimenti e del cuore non dipendano principalmente dalla propria volontà, ma da una visione spirituale.

Le *Lodi di Dio Altissimo* sembrano riferite all'intera Trinità (*Tu sei trino e uno*); o al Padre (Tu, *Padre santo*); o al Figlio (*Tu sei sapienza... umiltà... pazienza...*); qui troviamo inoltre il *Tu sei quiete*. Francesco si avvicina con fiducia a Dio ma senza correre, senza affanno, molto lentamente, poiché solo un animo quieto può giungere a Dio che è quiete. Questa lentezza a volte causa sofferenza. Ma Francesco accetta di essere un non vedente in cammino: deve proseguire passo dopo passo, a tentoni. Ma sa di essere ben guidato sulla via da una Parola provvidenziale e salvatrice.

Il *Tu* dice che, per Francesco, la sorgente della pazienza/quiete/pace è Dio, anzi di più, la pace è Lui. La salvezza nasce da Dio-*carità*: il Verbo, «vera sapienza del Padre», si fa umiltà e pazienza/quiete/pace fino alla morte di croce. E sembra proprio che Francesco *veda/senta* il luogo della quiete, del riposo, della pace, esattamente sulla croce, dove tutto si compie, dove Gesù emise e donò il suo spirito.

Sembra che Francesco non dica altro: egli non ha (e non vuole avere) altra sapienza che la croce di Cristo. L'invito del santo è quello di rimanere uniti a Cristo, morto e risorto, e lasciarsi sapientemente trasformare dall'amore. Come è scritto nel Nuovo Testamento:

> «E così, intimamente uniti nell'amore, essi siano arricchiti di una piena intelligenza per conoscere il mistero di Dio, che è Cristo: in lui sono nascosti tutti i tesori della sapienza e della conoscenza» (*Col* 2,2-3).

La sapienza *dall'alto* (della croce) si riversa su coloro che vivono in pace:

> «Invece la sapienza che viene dall'alto anzitutto è pura, poi pacifica, mite, arrendevole, piena di misericordia e di buoni frutti, imparziale e sincera. Per coloro che fanno opera di pace viene seminato nella pace un frutto di giustizia» (*Gc* 3,17-18).

In Francesco la compassione verso il fratello e i sentimenti di amore, il conforto che deriva dallo sguardo amorevole, non si disgiungono mai dalla contemplazione della croce. Avere gli stessi sentimenti di Cristo Gesù è, in fondo, tutto ciò che Francesco ricorda ai suoi frati. Il santo di Assisi non avverte il bisogno di inventare un nuovo linguaggio e ripete, quasi alla lettera, ciò che trova nella *Lettera ai Filippesi* (*Fil* 2,1-11):

«Se dunque c'è qualche consolazione in Cristo, se c'è qualche conforto, frutto della carità, se c'è qualche comunione di spirito, se ci sono sentimenti di amore e di compassione, rendete piena la mia gioia con un medesimo sentire e con la stessa carità, rimanendo unanimi e concordi. Non fate nulla per rivalità o vanagloria, ma ciascuno di voi, con tutta umiltà, consideri gli altri superiori a se stesso. Ciascuno non cerchi l'interesse proprio, ma anche quello degli altri.

Abbiate in voi gli stessi sentimenti di Cristo Gesù:
egli, pur essendo nella condizione di Dio,
non ritenne un privilegio
l'essere come Dio,
ma svuotò se stesso
assumendo una condizione di servo,
diventando simile agli uomini.
Dall'aspetto riconosciuto come uomo,
umiliò se stesso
facendosi obbediente fino alla morte
e a una morte di croce.
Per questo Dio lo esaltò
e gli donò il nome
che è al di sopra di ogni nome,
perché nel nome di Gesù
ogni ginocchio si pieghi
nei cieli, sulla terra e sotto terra,
e ogni lingua proclami:
"Gesù Cristo è Signore!",
a gloria di Dio Padre».

Francesco e Gesù[1]

Cari giovani dell'Umbria, buona sera! Grazie di essere venuti, grazie di questa festa! Davvero, questa è una festa! E grazie per le vostre domande.

Sono contento che la prima domanda sia stata da una giovane coppia. Una bella testimonianza! Due giovani che hanno scelto, hanno deciso, con gioia e con coraggio di formare una famiglia. Sì, perché è proprio vero, ci vuole coraggio per formare una famiglia! Ci vuole coraggio! E la domanda di voi, giovani sposi, si collega a quella sulla vocazione. Che cos'è il matrimonio? È una vera e propria vocazione, come lo sono il sacerdozio e la vita religiosa. Due cristiani che si sposano hanno riconosciuto nella loro storia di amore la chiamata del Signore, la vocazione a formare di due, maschio e femmina, una sola carne, una sola vita. E il sacramento del matrimonio avvolge questo amore con la grazia di Dio, lo radica in Dio stesso. Con questo dono, con la certezza di questa chiamata, si può partire sicuri, non si ha paura di nulla, si può affrontare tutto, insieme!

[...] La famiglia è la vocazione che Dio ha scritto nella natura dell'uomo e della donna, ma c'è un'altra vocazione complementare al matrimonio: la chiamata al celibato e alla verginità per il Regno dei cieli. È la vocazione che Gesù stesso ha vissuto. Come riconoscerla? Come seguirla? È la terza domanda che mi avete fatto. Ma qualcuno di voi può pensare: ma questo vescovo, che bravo! Abbiamo fatto la domanda e ha le risposte tutte pronte, scritte! Io ho ricevuto le domande alcuni giorni fa. Per questo le conosco. E vi rispondo con due elementi essenziali su come riconoscere questa vocazione al sacerdozio o alla vita consacrata. Pregare e camminare nella Chiesa. Queste due cose vanno insieme, sono intrecciate. All'origine di ogni vocazione alla vita consacrata c'è sempre un'esperienza forte di Dio, un'esperienza che non si dimentica, la si ricorda per tutta la vita! È quella che ha avuto Francesco. E questo noi non lo possiamo calcolare o programmare. Dio ci sorprende sempre! È Dio che chiama; però è importante avere un rapporto quotidiano con lui, ascoltarlo in silenzio davanti al tabernacolo e nell'intimo di noi stessi, parlargli, accostarsi ai sacramenti […] E una cosa vorrei dirla con forza, specialmente oggi: la verginità per il Regno di Dio non è un "no", è un "sì"! Certo, comporta la rinuncia a un legame coniugale e a una propria famiglia, ma alla base c'è il "sì", come risposta al "sì" totale di Cristo verso di noi, e questo "sì" rende fecondi.

Ma qui ad Assisi non c'è bisogno di parole! C'è Francesco, c'è Chiara, parlano loro! Il loro carisma continua a parlare a tanti giovani nel mondo intero: ragazzi e ragazze che lasciano tutto per seguire Gesù sulla via del Vangelo.

Ecco, Vangelo. Vorrei prendere la parola "Vangelo" per rispondere alle altre due domande che mi avete fatto, la seconda e la quarta. Una riguarda l'impegno sociale, in questo periodo di crisi che minaccia la speranza; e l'altra riguarda l'evangelizzazione, il portare l'annuncio di Gesù agli altri. Mi avete chiesto: che cosa possiamo fare? Quale può essere il nostro contributo?

Qui ad Assisi, qui vicino alla Porziuncola[2], mi sembra di sentire la voce di san Francesco che ci ripete: «Vangelo, Vangelo!»[3]. Lo dice anche a me, anzi, prima a me: Papa Francesco, sii servitore del Vangelo! Se io non riesco a essere un servitore del Vangelo, la mia vita non vale niente! […] Il nostro segreto è che Dio è più grande del male: ma questo è vero! Dio è più grande del male. Dio è amore infinito, misericordia senza limiti, e questo Amore ha vinto il male alla radice nella morte e risurrezione di Cristo. Questo è il Vangelo, la Buona Notizia: l'amore di Dio ha vinto! Cristo è morto sulla croce per i nostri peccati ed è risorto. Con lui noi possiamo lottare contro il male e vincerlo ogni giorno. Ci crediamo o no?

Questo "sì" deve andare nella vita! Se io credo che Gesù ha vinto il male e mi salva, devo seguire Gesù, devo andare sulla strada di Gesù per tutta la vita.

Allora il Vangelo, questo messaggio di salvezza, ha due destinazioni che sono legate: la prima, suscitare la fede, e questa è l'evangelizzazione; la seconda, trasformare il mondo secondo il disegno di Dio, e questa è l'animazione cristiana della società. Ma non sono due cose separate, sono un'unica missione: portare il Vangelo con la testimonianza della nostra vita trasforma il mondo! Questa è la via: portare il Vangelo con la testimonianza della nostra vita.

Guardiamo Francesco: lui ha fatto tutt'e due queste cose, con la forza dell'unico Vangelo. Francesco ha fatto crescere la fede, ha rinnovato la Chiesa; e nello stesso tempo ha rinnovato la società, l'ha resa più fraterna, ma sempre col Vangelo, con la testimonianza. Sapete che cosa ha detto Francesco una volta ai suoi fratelli? «Predicate sempre il Vangelo e, se fosse necessario, anche con le parole!». Ma, come? Si può predicare il Vangelo senza le parole? Sì! Con la testimonianza! Prima la testimonianza, dopo le parole! Ma la testimonianza!

Giovani dell'Umbria: fate così anche voi! Oggi, nel nome di san Francesco, vi dico: non ho né oro, né argento da darvi, ma qualcosa di molto più prezioso, il Vangelo di Gesù. Andate con coraggio! Con il Vangelo nel cuore e tra le mani, siate testimoni della fede con la vostra vita: portate Cristo nelle vostre case, annunciatelo tra i vostri amici, accoglietelo e servitelo nei poveri. Giovani, date all'Umbria un messaggio di vita, di pace e di speranza! Potete farlo!

E per favore, vi chiedo: pregate per me!

Per saperne di più

[1] Incontro con i giovani dell'Umbria, *Parole del Santo Padre Francesco*, piazzale della basilica di Santa Maria degli angeli, Assisi, 4 ottobre 2013.

[2] **Porziuncola.** La chiesetta intitolata a Santa Maria degli angeli, edificata probabilmente nel IV secolo e successivamente passata sotto la proprietà dei monaci benedettini, prende il nome dalla zona denominata *Portiuncula*, che letteralmente indica la piccola porzione di terreno su cui sorgeva. Rimasta per lungo tempo in stato di abbandono, fu la terza chiesa a essere restaurata direttamente da san Francesco dopo il "mandato" ricevuto dal crocifisso di San Damiano.

Egli qui comprende chiaramente la sua vocazione e qui fonda l'ordine dei Frati minori nel 1209, affidandolo alla protezione della Vergine Madre di Cristo, cui la chiesina è dedicata. Dai benedettini Francesco ottenne in dono il luogo e la cappella per farne il centro del nuovo ordine nascente.

Il 28 marzo 1211, Chiara di Favarone di Offreduccio vi riceve dal santo l'abito religioso, dando inizio all'ordine delle Povere Dame (Clarisse).

Nel 1216, in una visione, Francesco ottiene da Gesù stesso l'indulgenza conosciuta come "indulgenza della Porziuncola" o "perdono di Assisi", approvata dal Papa Onorio III.

Alla Porziuncola, che fu ed è il centro del francescanesimo, il poverello radunò ogni anno i suoi frati nei capitoli (adunanze generali), per discutere la *Regola*, per ritrovare di nuovo il fervore e ripartire per annunciare il Vangelo al mondo intero.

[3] **Vivere il Vangelo di Gesù Cristo.** Francesco ricorda sempre un semplice punto di partenza, cioè che una spiritualità è cristiana quando fa riferimento a Gesù Cristo. Mentre la storia della spiritualità mostra tentazioni "spirituali" di fare a meno di Gesù Cristo, magari in una prospettiva di unione "immediata" con Dio, che pretende di rinunciare all'unico *mediatore tra Dio e gli uomini, l'uomo Cristo Gesù* (cfr. *1Tm* 2,5), Francesco *comprende* il Vangelo e *sa vivere* solo di esso. Come ha scritto, con grande profondità, il teologo spirituale don Giovanni Moioli:

«Il cristiano deve comprendere l'annuncio e le verità cristiane. [...] Il comprendere è, soprattutto per noi, immediatamente un esercizio dell'intelligenza. Nell'esperienza o nel cammino spirituale comprendere e sapere vengono però visti in tensione perché il comprendere [...] non può esaurire la realtà profonda del credere o del sapere cristiano. Cioè, il cristiano è sì chiamato a comprendere ciò che Dio gli dice, ma anche di più è chiamato a saperlo. Saperlo vuol dire, nel linguaggio spirituale, realizzare un'esperienza assai complessa, realizzare una situazione nella quale l'uomo è implicato non solo con la propria intelligenza, ma anche con la propria libertà, la propria coscienza, il proprio amore, il proprio desiderio, il senso globale della propria vita, la propria sensibilità» (Moioli G., *L'esperienza spirituale. Lezioni introduttive*, Glossa, Milano 1994, pp. 51-52).

Francesco e la sublime fratellanza con tutto il creato[1]

V ivere la vocazione di essere custodi dell'opera di Dio è parte essenziale di un'esistenza virtuosa, non costituisce qualcosa di opzionale e nemmeno un aspetto secondario dell'esperienza cristiana. Ricordiamo il modello di san Francesco d'Assisi, per proporre una sana relazione con il creato come una dimensione della conversione integrale della persona. Questo esige anche di riconoscere i propri errori, peccati, vizi o negligenze, e pentirsi di cuore, cambiare dal di dentro[2]. I vescovi dell'Australia hanno saputo esprimere la conversione in termini di riconciliazione con il creato: «Per realizzare questa riconciliazione dobbiamo esaminare le nostre vite e riconoscere in che modo offendiamo la creazione di Dio con le nostre azioni e con la nostra incapacità di agire. Dobbiamo fare l'esperienza di una conversione, di una trasformazione del cuore»[3].

Tuttavia, non basta che ognuno sia migliore per risolvere una situazione tanto complessa come quella che affronta il mondo attuale. I singoli individui possono perdere la capacità e la libertà di vincere la logica della ragione strumentale e finiscono per soccombere a un consumismo senza etica e senza senso sociale e ambientale. Ai problemi sociali si risponde con reti comunitarie, non con la mera somma di beni individuali: «Le esigenze di quest'opera saranno così immense che le possibilità delle iniziative individuali e la cooperazione dei singoli, individualisticamente formati, non saranno in grado di rispondervi. Sarà necessaria una unione di forze e una unità di contribuzioni»[4]. La conversione ecologica che si richiede per creare un dinamismo di cambiamento duraturo è anche una conversione comunitaria.

Tale conversione comporta vari atteggiamenti che si coniugano per attivare una cura generosa e piena di tenerezza. In primo luogo implica gratitudine e gratuità, vale a dire un riconoscimento del mondo come dono ricevuto dall'amore del Padre, che provoca come conseguenza disposizioni gratuite di rinuncia e gesti generosi anche se nessuno li vede o li riconosce: «Non sappia la tua sinistra ciò che fa la tua destra [...] e il Padre tuo, che vede nel segreto, ti ricompenserà»[5]. Implica pure l'amorevole consapevolezza di non essere separati dalle altre creature, ma di formare con gli altri esseri dell'universo una stupenda comunione universale. Per il credente, il mondo non si contempla dal di fuori ma dal di dentro, riconoscendo i legami con i quali il Padre ci ha unito a tutti gli esseri. Inoltre, facendo crescere le capacità peculiari che Dio ha dato a ciascun credente, la conversione ecologica lo conduce a sviluppare la sua creatività e il suo entusiasmo, al fine di risolvere i drammi del mondo, offrendosi a Dio «come sacrificio vivente, santo e gradito»[6]. Non interpreta la propria superiorità come motivo di gloria personale o di dominio irresponsabile, ma come una diversa capacità che a sua volta gli impone una grave responsabilità che deriva dalla sua fede. [...] Quando leggiamo nel Vangelo che Gesù parla degli uccelli e dice che «nemmeno uno di essi è dimenticato davanti a Dio»[7], saremo capaci di maltrattarli e far loro del male? Invito tutti i cristiani a esplicitare questa dimensione della propria conversione, permettendo che la forza e la luce della grazia ricevuta si estendano anche alla relazione con le altre creature e con il mondo che li circonda, e susciti quella sublime fratellanza con tutto il creato che san Francesco d'Assisi visse in maniera così luminosa.

Per saperne di più

[1] Lettera enciclica *Laudato si'* del Santo Padre Francesco sulla cura della casa comune, solennità di Pentecoste, 24 maggio 2015.

[2] **Il giudizio appartiene a Dio.** Papa Francesco invita a riconoscere i propri errori, peccati, vizi o negligenze, e pentirsi di cuore, cambiare dal di dentro. Per san Francesco questo riconoscimento è legato alla *minorità*. Leggiamo nell'*Ammonizione* XII:

> «A questo segno si può riconoscere il servo di Dio, se ha lo spirito del Signore: se cioè quando il Signore compie, per mezzo di lui, qualcosa di buono, la sua "carne" non se ne inorgoglisce – poiché la "carne" è sempre contraria a ogni bene – ma piuttosto si ritiene ancora più vile ai propri occhi e si stima minore di tutti gli altri uomini» (*Am* 12: FF 161).

Francesco suggerisce al *servo di Dio* i segnali interiori della presenza dello Spirito: il sentimento della grandezza di Dio, per contrasto, fa nascere quello della propria "minorità". Il peccato di orgoglio è quello originale: è il desiderio di sostituirsi a Dio. Francesco non propone dunque una *pace* da conquistare volontaristicamente, frutto di un delirio di onnipotenza. Per il santo si può *sopportare* solo per amore, mediante il riconoscimento di un Amore, lo *spirito del Signore*, che è già all'opera. La bontà è di Dio, all'uomo appartengono solamente vizi e peccati, dice Francesco. L'abitudine a vivere come Cristo, conformemente a quanto è richiesto al frate, permette di riconoscere con semplicità i desideri e i dispiaceri di Dio. La vita in comunione dei frati sfocia nell'annuncio della Parola di Dio, della fede trinitaria e del battesimo.

Accogliere il Vangelo nella propria vita è il compito del frate. L'umiltà è la modalità vera dell'accoglienza, così si può raggiungere la serenità e la *perfetta letizia*. La gioia nasce nelle persecuzioni e nei contrasti subiti per Cristo: entrare nel suo mistero permette di trovare la *pace*, di vedere il volto della pace.

Le relazioni fraterne devono avere una dimensione minoritica, che parte da un profondo spirito di espropriazione e dal vivere rettamente *sine proprio*. Tutti devono ritenersi peccatori e riconoscere le proprie fragilità. Perciò bisogna mantenere la *pace* e la *povertà interiore*: ira e agitazioni sono espressioni di superbia farisaica. Il giudizio appartiene a Dio solo.

Per approfondire questo argomento, si consiglia la lettura di *La Regola di san Francesco. Lettera e Spirito*, di fratel Fernando Uribe (EDB, Bologna 2011, pp. 205-216).

[3] Conferenza dei vescovi cattolici dell'Australia, *A New Earth. The Environmental Challenge* (2002).

[4] Guardini R., *Das Ende der Neuzeit. Die Macht*, Matthias Grünewald Verlag, Ostfildern 2016, p. 72 (traduzione italiana: *La fine dell'epoca moderna. Il potere*, Morcelliana, Brescia 1993, p. 66).

[5] *Mt* 6,3-4.

[6] *Rm* 12,1.

[7] *Lc* 12,6.

Francesco, letizia e lode[1]

Non voglio procedere in questa enciclica senza ricorrere a un esempio bello e motivante. Ho preso il suo nome come guida e come ispirazione nel momento della mia elezione a vescovo di Roma. Credo che Francesco sia l'esempio per eccellenza della cura per ciò che è debole e di una ecologia integrale, vissuta con gioia e autenticità. È il santo patrono di tutti quelli che studiano e lavorano nel campo dell'ecologia, amato anche da molti che non sono cristiani. Egli manifestò un'attenzione particolare verso la creazione di Dio e verso i più poveri e abbandonati. Amava ed era amato per la sua gioia, la sua dedizione generosa, il suo cuore universale. Era un mistico e un pellegrino che viveva con semplicità e in una meravigliosa armonia con Dio, con gli altri, con la natura e con se stesso. In lui si riscontra fino a che punto sono inseparabili la preoccupazione per la natura, la giustizia verso i poveri, l'impegno nella società e la pace interiore.

La sua testimonianza ci mostra anche che l'ecologia integrale richiede apertura verso categorie che trascendono il linguaggio delle scienze esatte o della biologia e ci collegano con l'essenza dell'umano. Così come succede quando ci innamoriamo di una persona, ogni volta che Francesco guardava il sole, la luna, gli animali più piccoli, la sua reazione era cantare, coinvolgendo nella sua lode tutte le altre creature. Egli entrava in comunicazione con tutto il creato, e predicava persino ai fiori e «li invitava a lodare e amare Iddio, come esseri dotati di ragione»[2]. La sua reazione era molto più che un apprezzamento intellettuale o un calcolo economico, perché per lui qualsiasi creatura era una sorella, unita a lui con vincoli di affetto. Per questo si sentiva chiamato a prendersi cura di tutto ciò che esiste. Il suo discepolo san Bonaventura narrava che lui, «considerando che tutte le cose hanno un'origine comune, si sentiva ricolmo di pietà ancora maggiore e chiamava le creature, per quanto piccole, con il nome di fratello o sorella»[3]. Questa convinzione non può essere disprezzata come un romanticismo irrazionale, perché influisce sulle scelte che determinano il nostro comportamento. Se noi ci accostiamo alla natura e all'ambiente senza questa apertura allo stupore e alla meraviglia, se non parliamo più il linguaggio della fraternità e della bellezza nella nostra relazione con il mondo, i nostri atteggiamenti saranno quelli del dominatore, del consumatore o del mero sfruttatore delle risorse naturali, incapace di porre un limite ai suoi interessi immediati. Viceversa, se noi ci sentiamo intimamente uniti a tutto ciò che esiste, la sobrietà e la cura scaturiranno in maniera spontanea. La povertà e l'austerità di san Francesco non erano un ascetismo solamente esteriore, ma qualcosa di più radicale: una rinuncia a fare della realtà un mero oggetto di uso e di dominio.

D'altra parte, san Francesco, fedele alla Scrittura[4], ci propone di riconoscere la natura come uno splendido libro nel quale Dio ci parla e ci trasmette qualcosa della sua bellezza e della sua bontà: «Difatti dalla grandezza e bellezza delle creature per analogia si contempla il loro autore»[5] e «la sua eterna potenza e divinità vengono contemplate e comprese dalla creazione del mondo attraverso le opere da lui compiute»[6]. Per questo chiedeva che nel convento si lasciasse sempre una parte dell'orto non coltivata, perché vi crescessero le erbe selvatiche, in modo che quanti le avrebbero ammirate potessero elevare il pensiero a Dio, autore di tanta bellezza[7].

Il mondo è qualcosa di più che un problema da risolvere, è un mistero gaudioso che contempliamo nella letizia e nella lode.

Per saperne di più

[1] Lettera enciclica *Laudato si'* del Santo Padre Francesco sulla cura della casa comune, solennità di Pentecoste, 24 maggio 2015.

Finalità della *Laudato si'.* Circa la finalità dell'enciclica *Laudato si'*, è interessante conoscere ciò che Papa Francesco disse il 15 gennaio 2015 durante l'incontro con i giornalisti in volo verso Manila in occasione del suo viaggio apostolico in Sri Lanka e nelle Filippine. Vale la pena sottolineare l'umiltà "francescana" con cui il Papa si è sottoposto al giudizio dei teologi nella stesura di questo bellissimo, provocatorio, profondo, innovativo e, prima ancora, teologico e spirituale testo di ecologia integrale.

«La prima bozza dell'enciclica l'ha fatta il cardinale Turkson con la sua équipe. Poi io con l'aiuto di alcuni ho preso questa e ci ho lavorato. Poi con alcuni teologi ho fatto una terza bozza e ho inviato una copia alla Congregazione per la dottrina della fede, alla seconda sezione della segreteria di Stato e al teologo della Casa Pontificia, perché studiassero bene che io non dicessi "stupidaggini". Tre settimane fa ho ricevuto le risposte, alcune grosse così, ma tutte costruttive. E adesso mi prenderò una settimana di marzo, intera, per finirla. Credo che alla fine di marzo sarà finita e andrà alle traduzioni. Penso che se il lavoro di traduzione va bene, a giugno o luglio potrà uscire. L'importante è che ci sia un po' di tempo tra l'uscita dell'enciclica e l'incontro a Parigi, perché sia un apporto. L'incontro in Perù non è stato un granché. A me ha deluso la mancanza di coraggio: si sono fermati a un certo punto. Speriamo che a Parigi siano più coraggiosi i rappresentanti per andare avanti in questo».

[2] *1Cel* 81: FF 460.

[3] *LegM* VIII, 6: FF 1145.

[4] **Formazione biblica di Francesco.** La formazione culturale, fin dai primi rudimenti elementari, si costruiva essenzialmente sulla Bibbia, come era uso nel Medioevo. La Parola di Dio nella liturgia, però, non solo era ascoltata e compresa ma era meditata e pregata; essa portava a generare, inoltre, una risposta esistenziale e una rielaborazione personale. Francesco si nutriva, nella meditazione personale e nella preghiera liturgica, della Parola di Dio.

«A questo proposito fanno testo gli scritti di Francesco, dove ritornano spesso gli echi liturgici – dal *Testamento*, con la preghiera *Adoramus te*..., ai testi di

preghiera, intessuti di reminiscenze liturgiche o strutturati sul ritmo della liturgia, come *l'Ufficio della Passione*, fino alle lettere che insistono sulla devozione eucaristica e la celebrazione dei sacramenti – che testimoniano quanto fosse familiare al santo la parola biblica di cui la liturgia romana è intessuta».
(VAIANI C., *Storia e teologia dell'esperienza spirituale di Francesco d'Assisi*, Edizioni Biblioteca Francescana, Milano 2013, p. 66).

[5] *Sap* 13,5.

[6] *Rm* 1,20.

[7] Cfr. *2Cel* 165: FF 750.

Conclusioni

di Enrico Impalà

Francesco e la pace

Papa Francesco è un gesuita che ha deciso di vivere il suo pontificato riferendosi costantemente a san Francesco, superando barriere e divisioni secolari. Il Papa in questo è dunque un vero francescano, pur rimanendo un gesuita: infatti la spiritualità francescana è sempre rimasta fortemente legata alla figura di Francesco d'Assisi e alla sua personale esperienza di Dio Padre, raggiunto attraverso Cristo – povero e crocifisso (basta pensare all'incontro con i lebbrosi) – nello Spirito.

«Come sapete, ci sono vari motivi per cui ho scelto il mio nome pensando a Francesco di Assisi, una personalità che è ben nota al di là dei confini dell'Italia e dell'Europa e anche tra coloro che non professano la fede cattolica. Uno dei primi è l'amore che Francesco aveva per i poveri. Quanti poveri ci sono ancora nel mondo! E quanta sofferenza incontrano queste persone! Sull'esempio di Francesco d'Assisi, la Chiesa ha sempre cercato di avere cura, di custodire, in ogni angolo della terra, chi soffre per l'indigenza e penso che in molti dei vostri Paesi possiate constatare la generosa opera di quei cristiani che si adoperano per aiutare i malati, gli orfani, i senzatetto e tutti coloro che sono emarginati, e che così lavorano per edificare società più umane e più giuste»[1].

---

[1] Udienza al corpo diplomatico accreditato presso la Santa Sede, *Discorso del Santo Padre Francesco*, Sala Regia, 22 marzo 2013.

Per il francescano, il riconoscimento che Dio soltanto è il bene, e che ogni bene è suo, si manifesta in una vita senza nulla di proprio (la povertà francescana), realizzata verso gli altri e verso le cose. Francesco d'Assisi ricorda a tutti che non si può dire "proprio" ciò che è di Dio. Un atteggiamento che genera la restituzione a Dio, in parole e in opere, di quanto da lui proviene. San Francesco, mentre esorta a lodare, chiede di lavorare, offrendo un esempio mediante le attività. Una spiritualità vissuta da una fraternità: dei fratelli che vivono da minori di fronte a ogni uomo.

Per tutti questi motivi, in Francesco d'Assisi ad esempio non troviamo una via generica per giungere alla pace vera; non riscontriamo un'astratta forma ascetica per controllare i propri istinti, o i propri sensi. Non siamo di fronte a una semplice proposta di umiliazione, un abbassamento dello sguardo o un rapido allontanamento dai conflitti. Per san Francesco non esiste un indistinto appello alla fratellanza universale ma un serio impegno a vivere una vita spirituale.

Così è anche per Papa Francesco:

«Ma c'è anche un'altra povertà! È la povertà spirituale dei nostri giorni, che riguarda gravemente anche i Paesi considerati più ricchi. È quanto il mio predecessore, il caro e venerato Benedetto XVI, chiama la "dittatura del relativismo", che lascia ognuno come misura di se stesso e mette in pericolo la convivenza tra gli uomini. E così giungo a una seconda ragione del mio nome. Francesco d'Assisi ci dice: lavorate per edificare la pace! Ma non vi è vera pace senza verità! Non vi può essere pace vera se ciascuno è la misura di se stesso, se ciascuno può rivendicare sempre e solo il proprio diritto, senza curarsi allo stesso tempo del bene degli altri, di tutti, a partire dalla natura che accomuna ogni essere umano su questa terra»[2].

Per capire in profondità l'impegno di Papa Francesco per la pace dobbiamo comprendere bene che cosa s'intende per pace quando ci avviciniamo alla figura del santo di Assisi.

---

[2] *Ibidem.*

San Francesco è certamente influenzato dal concetto biblico e liturgico di pace, anche se possiede una nozione molto ampia della Parola di Dio. Per lui, Dio parla non soltanto nelle Scritture, ma anche negli scritti dei pagani[3]: parla in tutti gli uomini. Francesco ripete continuamente: «Dio solo è buono»[4]. Poiché solo Dio è buono e l'uomo non ha nulla di proprio se non peccati e vizi, tutto ciò che è buono nell'uomo non può essere che di Dio. Se l'uomo parla e agisce bene, è parola e azione di Dio. Perciò anche negli scritti dei pagani, per Francesco, Dio parla.

Ma anche se per lui la Parola divina, intesa come la manifestazione della bontà divina, non si riduce alla Sacra Scrittura, il suo riferimento principale rimane evidentemente la Parola divina scritta e predicata nella Chiesa, anche perché la Bibbia è conosciuta da Francesco mediante la liturgia.

Pace inoltre, per san Francesco, è vivere di Cristo, vedere il volto del Signore, gustare l'amato presente nell'eucaristia, credere nella Parola, stare nella comunità dei fratelli e delle sorelle. Per Francesco la pace è come la vita stessa, un dono prezioso di Dio, da conservare e custodire gelosamente, sopportando le avversità e gli inganni più subdoli del diavolo. La pace è da vivere nel ringraziamento, nella lode: l'unico modo per avere pace è non tenerla per sé ma donarla (come la vita stessa), senza mai appropriarsene (in quanto è di Dio) e in perfetta letizia. È una pace che va annunziata ai fratelli e portata nel mondo. Il suo carattere di benessere non si può disgiungere dal suo essere santa, d'origine divina, spirituale, un dono santo da accogliere: la pace è nel Signore. Di più: quando Francesco augura pace vera dal Cielo, egli invita a saper accogliere nella propria vita la pace che è Cristo povero e umile.

---

[3] *1Cel* 82: FF 463.
[4] *Lc* 18,19. L'attributo *bonum*, riferito a Dio, ritorna in numerosi testi di Francesco: *Lora* 11: FF 265; *Am* 7,4: FF 156; 8,3: FF 157; *LodAl* 3: FF 261; *Pater* 2: FF 267; *Rnb* 17,18: FF 49; 23,9: FF 70.

Il saluto di pace è un augurio: quello di vivere nella carità, vivere in Dio Trinità. Frate Francesco augura ai suoi compagni e a tutti gli uomini «salute e pace» e «pace e carità», perché la vera salute dell'uomo sta nella salvezza operata amorevolmente da Cristo. Pace e salute/salvezza sono nel Redentore: la paziente sopportazione delle situazioni difficoltose è luogo privilegiato per acquistare la pace del cuore che nasce dalla fede nel Signore, un premio per la fedeltà del discepolo.

L'irruzione di Dio nella propria vita non può essere taciuta e Francesco è spinto dall'amore per Dio ad annunciare a ogni frate, a ogni casa, in tutto il mondo, la Parola di Dio. Egli sa bene però che riconciliarsi con Dio, lasciandosi pacificare da Cristo, dalla sua croce, non è cosa facile: comporta una conversione totale della propria vita. Ecco perché nella predicazione di Francesco vi sono due contenuti principali: penitenza e pace. I due termini stanno insieme come avviene nell'annuncio cherigmatico: la pace è il Regno (è Cristo), e la penitenza è la risposta all'avvento del Regno. In questo contesto, comprendiamo perché la pazienza sia un tratto caratteristico della pace secondo Francesco: una pazienza mite. L'aggettivo "mite" è usato da Francesco nei suoi scritti due sole volte e, come per la misericordia, egli applica questo termine sia a Dio «che solo è buono, pio, mite, soave e dolce»[5], sia ai rapporti fraterni.

Francesco infatti esorta i frati che vanno per il mondo a non litigare, a evitare le dispute di parole e a non giudicare gli altri; a essere miti, pacifici e modesti, mansueti e umili, parlando onestamente con tutti[6].

Vi è uno stretto legame tra l'accoglienza della Parola di Dio e l'inabitazione di Dio nell'uomo; un'accoglienza che crea un legame d'amore tra il fedele e la Trinità. Le persone vigili e in preghiera sono la sua santa abitazione, dimora permanente del Signore, il

---

[5] *Rnb* 23,9: FF 70.
[6] Cfr. *Rb* 3,10-11: FF 85.

luogo dove la vera pace può giungere ed essere quiete. In questa vita orante e senza nulla di proprio (*sine proprio*: modalità per sconfiggere l'ira e il turbamento che nascono dall'appropriazione) si accoglie la pace donata dal Signore.

In pace: sia nella relazione con i fratelli, mostrando il cuore del povero in spirito, sia nel vivere l'itineranza di una fraternità universale, spirituale e povera, che porta nelle case la vera pace del Signore. È il primo annuncio di pace della fraternità francescana, chiamata a incarnare il Vangelo nella storia, vivendo come pellegrini e forestieri in questo mondo[7].

Per Francesco sopportazione, amore e pace sono termini difficilmente scindibili tra loro e dalla Trinità. Là dove normalmente molti situano la fine della pace, egli spiritualmente vede la possibilità di fare/incontrare pace, vede il suo Signore: perciò tribolazioni, angustie, vergogna e ingiurie, dolori e sofferenze e, infine, martirio e morte, sono da amare.

L'annuncio stesso di Francesco è un annuncio di pace: egli non separa pace, evangelizzazione, eucaristia, ben consapevole dell'importanza di radicarsi nell'oggettività della fede. Riconosce nel Signore che parla nel Vangelo e che è presente nel sacramento celebrato dalla Chiesa (Parola ed eucaristia) la fonte della vera pace. Pacificazione e riconciliazione (pace e salvezza) sono da cercare nell'eucaristia. La comunione eucaristica è un evento trinitario: nello Spirito, si accoglie con fede il Verbo, il quale a sua volta introduce nel mistero altrimenti inaccessibile del Padre. È lo Spirito in noi che riceve il corpo e il sangue del Signore; è lo Spirito che riceve la pace nostra vera letizia, che fiorisce nelle infermità e tribolazioni, e permette di vivere dei rapporti fraterni.

Si potrebbe, pertanto, riassumere così: in Francesco ci sono due livelli di pace.

---

[7] Cfr. *Rb* 6,1: FF 90.

Il primo: una pace "profonda", che permette di sopportare e di sostenere "infermità e tribolazioni". Il secondo: una pace da annunciare agli altri.

Livelli che in ogni caso non sono separabili: la pace per Francesco si esprime al tempo stesso nella lode a Dio e nel prendersi cura degli altri, sostenendoli nelle loro infermità (malattie, lebbra) e nelle loro tribolazioni (fraternità, povertà, umiltà). È una pace annunciata in uno stato di continuo perdono misericordioso offerto al fratello. In tutto questo, Francesco incontra la misericordia di Dio, il suo volto, la sua stessa vita; incontra personalmente la pace.

Sintetizzando, credo si possa affermare che per Francesco la pace è dall'alto, dono di Dio, presenza di Dio stesso. Tale pace è segnata dal sopportare/sostenere/patire perché il Dio cui ci si riferisce è quello cristiano: la Pasqua di Gesù, che è morte (sopportare) e risurrezione (letizia/pace), spiega questo singolare abbinamento. La pace ricevuta chiede di essere donata/annunciata: il saluto di pace, l'annuncio/predicazione di penitenza e pace.

Tutto questo si trova nel Francesco che giunge a noi attraverso i suoi scritti.

Oggi la Chiesa guarda a Francesco come esempio da proporre all'uomo del nostro tempo, che vive in un mondo multietnico e multireligioso: un esempio di giusto equilibrio tra identità e dialogo.

Pur rispettando questa scelta, penso che si debba sempre e onestamente premettere a tale tipo di operazioni la distinzione tra esperienza di Francesco e le diverse attualizzazioni, che non possono mai essere l'applicazione immediata, ma applicazioni mediate. La questione di fondo risiede dunque negli strumenti di mediazione utilizzati in queste applicazioni (un discorso simile a quello che solitamente si fa per politica e Vangelo). Francesco (e il suo saluto di pace) visse in un periodo in cui non esistevano le distinzioni culturali, sociali, economiche, politiche in cui fu scritta, ad esempio, la *Pacem in Terris* di Giovanni XXIII.

Eppure il punto di contatto tra l'esperienza di pace di Francesco e quella degli uomini di buona volontà del nostro tempo è più che mai reale, vero. Abbiamo spiegato cosa intenda dire san Francesco con la parola "pace". Ma la Chiesa di oggi, che vive tempi di morte e terrore, come la interpreta e annuncia? La riflessione proposta da un altro grande uomo di pace, il cardinale Carlo Maria Martini, gesuita come Papa Francesco, può essere utile anche solo per comprendere meglio l'esperienza di pace che ogni cristiano è chiamato a vivere quotidianamente:

«Pace non è solo assenza di conflitto, cessazione delle ostilità, armistizio. Non è neppure soltanto la rimozione di parole e gesti offensivi (cfr. *Mt* 5,21-24), neppure solo perdono e rinuncia alla vendetta, o saper cedere pur di non entrare in lite (cfr. *Mt* 5,38-47). Pace è frutto di alleanze durature e sincere, a partire dall'Alleanza che Dio fa in Cristo perdonando l'uomo, riabilitandolo e dandogli se stesso come partner di amicizia e di dialogo, in vista dell'unità di tutti coloro che Egli ama. In virtù di questa unità e di questa alleanza ciascuno vede nell'altro anzitutto uno simile a sé, come lui amato e perdonato, e se è cristiano legge nel suo volto il riflesso della gloria di Cristo e lo splendore della Trinità. Può dire al fratello: tu sei sommamente importante per me, ciò che è mio è tuo. Ti amo più di me stesso, le tue cose mi importano più delle mie. E poiché mi importa sommamente il bene tuo, mi importa il bene di tutti, il bene dell'umanità nuova: non più solo il bene della famiglia, del clan, della tribù, della razza, dell'etnia, del movimento, del partito, della nazione, ma il bene dell'umanità intera: questa è la pace»[8].

Ricordo quando il cardinal Martini, nella sua prima visita alla sede del Sermig, l'Arsenale della pace di Torino, l'1 febbraio 1996 tenne una lezione sulla pace e disse:

«La pace è il primo frutto della risurrezione. Perciò non è solo mancanza di guerra o una certa pace interiore, è anzitutto perdono di Dio e riconciliazione dell'umanità con Dio. E perciò, perdonare con

---

[8] Martini C.M., "Terrorismo, ritorsione, legittima difesa, guerra e pace", in *Aggiornamenti Sociali*, gennaio 2002, p. 70.

Gesù ai propri nemici, dare con Gesù perdono e pace a tutti. Ecco come il dono fatto a ciascuno diventa comunicativo. Dio che perdona a noi e noi che perdoniamo agli altri: questo è il mistero della pace»[9].

Non ci resta allora, infine, che ripetere le parole del nostro amatissimo Papa Francesco; parole che abbiamo già letto e meditato, ma che ci aiutano ora a fare sintesi. Il Papa tocca il cuore del tema, mostrando una piena conoscenza degli scritti, della spiritualità sanfrancescana e del mondo di oggi. Egli va in profondità: sia per la forte critica a una falsa immagine di Francesco, sia per la bella sottolineatura circa l'indissolubile legame esistente tra la pace di frate Francesco e la pace di Cristo.

«[…] Francesco ci testimonia: chi segue Cristo, riceve la vera pace, quella che solo lui, e non il mondo, ci può dare. San Francesco viene associato da molti alla pace, ed è giusto, ma pochi vanno in profondità. Qual è la pace che Francesco ha accolto e vissuto e ci trasmette? Quella di Cristo, passata attraverso l'amore più grande, quello della croce. È la pace che Gesù Risorto donò ai discepoli quando apparve in mezzo a loro[10]. La pace francescana non è un sentimento sdolcinato. Per favore: questo san Francesco non esiste! E neppure è una specie di armonia panteistica con le energie del cosmo… Anche questo non è francescano! Anche questo non è francescano, ma è un'idea che alcuni hanno costruito! La pace di san Francesco è quella di Cristo, e la trova chi "prende su di sé" il suo "giogo", cioè il suo comandamento: Amatevi gli uni gli altri come io vi ho amato[11]. E questo giogo non si può portare con arroganza, con presunzione, con superbia, ma solo si può portare con mitezza e umiltà di cuore. Ci rivolgiamo a te, Francesco, e ti chiediamo: insegnaci a essere "strumenti della pace", della pace che ha la sua sorgente in Dio, la pace che ci ha portato il Signore Gesù»[12].

---

[9] Impalà E., *Il bosco e il mendicante. Vita del cardinal Martini*, Edizioni San Paolo, Cinisello Balsamo 2014, p. 154.

[10] Cfr. *Gv* 20,19-20.

[11] Cfr. *Gv* 13,34; 15,12.

[12] Dall'*Omelia del Santo Padre Francesco*, piazza San Francesco, Assisi, 4 ottobre 2013.

Approfondimenti

Lo spirito di Assisi[1]

Cari fratelli e sorelle,
capi e rappresentanti delle Chiese cristiane
e comunità ecclesiali e delle religioni mondiali,
Cari amici.

[...]

Per la prima volta nella storia ci siamo riuniti da ogni parte, Chiese cristiane e comunità ecclesiali e religioni mondiali, in questo luogo sacro dedicato a san Francesco per testimoniare davanti al mondo, ciascuno secondo la propria convinzione, la qualità trascendente della pace.

[...]

Anche se pensiamo, come realmente pensiamo, che la realizzazione tra quella realtà e il dono della pace è differente, secondo le nostre rispettive convinzioni religiose, tutti però affermiamo che tale relazione esiste. Questo è quanto esprimiamo pregando per essa. Ripeto umilmente qui la mia convinzione: la pace porta il nome di Gesù Cristo.

[...]

Se il mondo deve continuare, e gli uomini e le donne devono sopravvivere su di esso, il mondo non può fare a meno della preghiera.

Questa è la lezione permanente di Assisi: è la lezione di san Francesco che ha incarnato un ideale attraente per noi; è la lezione di santa Chiara, la sua prima seguace. È un ideale fatto di mitezza, umiltà, di senso profondo di Dio e di impegno nel servire tutti. San Francesco era un uomo di pace.

---

[1] *Discorso di Giovanni Paolo II ai rappresentanti delle Chiese cristiane e comunità ecclesiali e delle religioni mondiali convenuti in Assisi*, piazza inferiore della basilica di San Francesco, 27 ottobre 1986.

Ricordiamo che egli abbandonò la carriera militare che aveva seguito per un certo tempo in gioventù, e scoprì il valore della povertà, il valore della vita semplice e austera, nell'imitazione di Gesù Cristo, che egli intendeva servire. Santa Chiara fu per eccellenza la donna della preghiera. La sua unione con Dio nella preghiera sosteneva Francesco e i suoi seguaci, come ci sostiene oggi. Francesco e Chiara sono esempi di pace: con Dio, con se stessi, con tutti gli uomini e le donne in questo mondo. Possano quest'uomo santo e questa santa donna ispirare tutti gli uomini e le donne di oggi ad avere la stessa forza di carattere e amore per Dio e per i fratelli, per continuare sul sentiero sul quale dobbiamo camminare insieme.

Mossi dall'esempio di san Francesco e di santa Chiara, veri discepoli di Cristo, e convinti dall'esperienza di questo giorno che abbiamo vissuto insieme, noi ci impegniamo a riesaminare le nostre coscienze, ad ascoltare più fedelmente la loro voce, a purificare i nostri spiriti dal pregiudizio, dall'odio, dall'inimicizia, dalla gelosia e dall'invidia. Cercheremo di essere operatori di pace nel pensiero e nell'azione, con la mente e col cuore rivolti all'unità della famiglia umana. E invitiamo tutti i nostri fratelli e sorelle che ci ascoltano perché facciano lo stesso.

[...]

In onore di san Francesco Saverio

Dopo l'elezione di Bergoglio, in molti pensarono che il nome scelto fosse riferito alla figura di san Francesco Saverio, scelta che pareva coerente per un Papa gesuita. Anche se non fu così, il Papa parlò del santo in suo discorso facendo riferimento all'opera di José María Pemán (scrittore, poeta e giornalista spagnolo vissuto tra il 1897 e il 1981). Nella produzione teatrale di questo autore spicca *El divino impaciente*, del 1933, sulla figura di san Francesco Saverio. Il Papa ne cita la scena conclusiva[2] (riportata qui di seguito), ambientata nel castello di Javier in Navarra.

---

[2] Traduzione a cura dell'*Osservatore Romano* di venerdì 2 agosto 2013.

SORELLA: (chiudendo la porta) Gesù!

MIGUEL: Che succede?

SORELLA: Un brivido mi ha attraversato il corpo.

MIGUEL: (guardando a sinistra) Sorella, non si è spenta la lampada del Cristo della cappella?

SORELLA: Forse un soffio di vento...

MIGUEL: Vada a cambiare l'olio e ad accenderla... (entra la sorella. Pausa breve. La si sente gridare da dentro)

SORELLA: Gesù! Dio mio!

MIGUEL: Che succede?

FRATELLO: Che succede, sorella?

SORELLA: (entra, tremante di eccitazione) L'ho visto con questi occhi! Mi avvicino con la candela alla piccola lampada..., guardo il Cristo che, sull'altare, sta sul crocifisso... Vedo un colore strano su tutto il corpo di Cristo..., lo tocco e... guardate le mie mani bagnate di un rosso caldo! Trasudava sangue! Sudava sangue! L'ho visto! Toccate! (i fratelli le toccano le mani)

MIGUEL: È davvero sangue!

FRATELLO: Sangue caldo!

SORELLA: Dio mio! Laggiù, nella sua terra lontana, qualcosa accade a Francesco!

(don Miguel ha preso la torcia che illuminava la scena. Tutti sono usciti a sinistra, in direzione della cappella. La scena rimane nell'oscurità. Dentro si sentono le voci). Toccatelo!

MIGUEL: Sangue, sì, sangue!

SORELLA: (singhiozzando) Qualcosa sta accadendo a Francesco! Qualcosa sta accadendo a Francesco! (dal fondo irrompe una luce. Appare la spiaggia di Sanchon -San Chuan -, a Canton. Sabbia, mare e cielo. Si vede entrare padre Saverio, quale si è descritto nella lettera, appoggiato alla spalla di Pablo de Santa Fe, che è lo stesso Yagiro, ormai battezzato).

SAVERIO: Adesso sì che, fratello Pablo de Santa Fe, il mio corpo ormai rifiuta di obbedire all'anima...

PABLO: Padre!

SAVERIO: Vedo che questa spiaggia di Sanchon sarà la fine del mio cammino. Morire vedendo le coste della Cina, alle quali anelavo, senza entrarvi, come Mosè morì nel deserto, con la terra promessa, che era tutto ciò che desiderava, tanto vicina al suo sguardo e dalle sue mani tanto lontana!

PABLO: Padre, non dica queste cose.

SAVERIO: Pablo, lasciami un momento. (Pablo si ritira in un angolo. Padre Saverio cade in ginocchio al centro) Prostrato ai tuoi piedi benedetti sono qui, Dio di ogni bontà, tra queste due solitudini del mare e del cielo infiniti. Col sale sulla fiancata, tracce dei fallimenti della sua potenza, vinta da tanto fare di fronte al mare e alle sue ondate ormai conclude il suo viaggio la barchetta di Saverio... Ti ho confessato fino alla fine con fermezza e senza vergogna; non ho mai messo, Signore, la lampada sotto il moggio. Mi hanno accerchiato con rigore angustie e sofferenze. Ma con sforzo, Signore, ho vinto il mio scoraggiamento. Mi hai dato cinque talenti, e te ne restituisco altri cinque (gli viene a mancare la voce). Benedici, adesso che si estingue la mia luce, Ignazio di Loyola... Prenditi cura della mia gente spagnola... E se un giorno la mia casta Ti rinnegasse, e non bastasse a placare il tuo potere porre sulla bilancia i propri meriti, mettici anche le sofferenze che ha sopportato per te Saverio! (si lascia cadere sulle gambe. Pablo si avvicina)

PABLO: Padre! (cerca di sostenerlo per le spalle. Padre Saverio come se non si rendesse conto, continua con lo sguardo al cielo)

SAVERIO: Morire quando rimane tanto da fare in tuo ossequio!

PABLO: Di che cosa ha bisogno, padre?

SAVERIO: Don Álvaro de Atayde... Chiedi al cielo che lo perdoni..., che io con questa speranza muoio... Lo farai?

PABLO: Lo farò.

SAVERIO: I miei occhi si annebbiano, e tutto il mio corpo diventa una piaga viva.

PABLO: Padre!

SAVERIO: (lottando ancora per tenere il volto rivolto al cielo) Signore, in te spero. (Sorriso di gioia) Sì... non nascondermi il volto... Il tuo servo viene a cercarti... (lascia cadere la testa, mentre dice) «In te, Domine, speravi, non confundar in aeternum!».

(crolla definitivamente. Scende, lentamente, il sipario)

Papa Francesco e la preghiera cristiana con il creato[3]

Ti lodiamo, Padre, con tutte le tue creature,
che sono uscite dalla tua mano potente.
Sono tue, e sono colme della tua presenza
e della tua tenerezza.
Laudato si'!

Figlio di Dio, Gesù,
da te sono state create tutte le cose.
Hai preso forma nel seno materno di Maria,
ti sei fatto parte di questa terra,
e hai guardato questo mondo con occhi umani.
Oggi sei vivo in ogni creatura
con la tua gloria di risorto.
Laudato si'!

Spirito Santo, che con la tua luce
orienti questo mondo verso l'amore del Padre
e accompagni il gemito della creazione,
tu pure vivi nei nostri cuori
per spingerci al bene.
Laudato si'!

Signore Dio, Uno e Trino,
comunità stupenda di amore infinito,
insegnaci a contemplarti
nella bellezza dell'universo,
dove tutto ci parla di te.
Risveglia la nostra lode e la nostra gratitudine

---

[3] Lettera enciclica *Laudato si'* del Santo Padre Francesco sulla cura della casa comune, solennità di Pentecoste, 24 maggio 2015.

per ogni essere che hai creato.
Donaci la grazia di sentirci intimamente uniti
con tutto ciò che esiste.
Dio d'amore, mostraci il nostro posto in questo mondo
come strumenti del tuo affetto
per tutti gli esseri di questa terra,
perché nemmeno uno di essi è dimenticato da te.
Illumina i padroni del potere e del denaro
perché non cadano nel peccato dell'indifferenza,
amino il bene comune, promuovano i deboli,
e abbiano cura di questo mondo che abitiamo.
I poveri e la terra stanno gridando:
Signore, prendi noi col tuo potere e la tua luce,
per proteggere ogni vita,
per preparare un futuro migliore,
affinché venga il tuo Regno
di giustizia, di pace, di amore e di bellezza.
Laudato si'!
Amen.

Testi di san Francesco

Cantico di frate Sole[1]

Altissimu, onnipotente, bon Signore,
Tue so' le laude, la gloria e l'honore et onne benedizione.
Ad Te solo, Altissimo, se konfane,
et nullu homo ène dignu Te mentovare.

Laudato sie, mi' Signore, cum tucte le Tue creature,
spezialmente messor lo frate Sole,
lo qual è iorno et allumini noi per lui.
Et ellu è bellu e radiante cum grande splendore:
de Te, Altissimo, porta significazione.

Laudato si', mi' Signore, per sora Luna e le stelle:
in celu l'ài formate clarite e preziose e belle.

---

[1] *Cant* 1-33: FF 263. «Laudato si'» (ossia l'inizio del *Cantico delle creature* composto da Francesco d'Assisi) è il titolo dell'enciclica papale dedicata alla custodia del creato. Nelle citazioni del cantico presenti in varie pubblicazioni, compresi documenti pontifici, troviamo delle diversità terminologiche che stupiscono in quanto il testo non è frutto di una traduzione dal latino. Il testo più vicino all'originale è il manoscritto 338 della biblioteca comunale di Assisi e conservato presso il Sacro convento. In tale codice ritroviamo termini come «benedictione, «spetialmente», «tucte», «fructi», «et» davanti a consonante... Si è adottato qui il testo pubblicato da padre Carlo Paolazzi (autore dell'ultima edizione critica degli scritti di Francesco d'Assisi), dove leggiamo «benedizione», «spezialmente», «tutte», «frutti», «e» davanti a consonante... Paolazzi ha ripreso il testo «eliminandone i latinismi puramente grafici (benedictione, spetialmente e simili; tucte, fructi; et davanti a consonante), causa di ricorrenti, fastidiosi errori di lettura». In più vi sono alcuni latinismi grafici tipici del latino medievale per cui spesso al posto della lettera «t» compariva la «c»; ma al momento della recita si leggeva «tutte» e non «tucte», oppure «frutti» e non «fructi».

Laudato si', mi' Signore, per frate Vento
e per aere e nubilo e sereno et onne tempo,
per lo quale a le Tue creature dài sustentamento.

Laudato si', mi' Signore, per sor'Acqua,
la quale è multo utile et humile e preziosa e casta.

Laudato si', mi' Signore, per frate Focu,
per lo quale ennallumini la notte:
et ello è bello e iocundo e robustoso e forte.

Laudato si', mi' Signore, per sora nostra matre Terra,
la quale ne sustenta e governa,
e produce diversi frutti con coloriti flori et herba.

Laudato si', mi' Signore, per quelli ke perdonano per lo Tuo amore
e sostengo infirmitate e tribulazione.
Beati quelli ke 'l sosterrano in pace,
ka da Te, Altissimo, sirano incoronati.

Laudato si', mi' Signore, per sora nostra Morte corporale,
da la quale nullu homo vivente po' skampare:
guai a quelli ke morrano ne le peccata mortali;
beati quelli ke trovarà ne le Tue santissime voluntati,
ka la morte secunda no 'l farrà male.

Laudate e benedicete mi' Signore et rengratiate
e serviateli cum grande humilitate.

Lodi di Dio Altissimo[2]

Tu sei santo, Signore solo Dio, che compi meraviglie[3].

---

[2] *LodAl* 1-7: FF 261.
[3] Cfr. *Sal 76,15.*

Tu sei forte, Tu sei grande, Tu sei altissimo[4],
Tu sei onnipotente, Tu, Padre santo, re del cielo e della terra[5].
Tu sei trino e uno, Signore Dio degli dèi[6],
Tu sei il bene, ogni bene, il sommo bene, il Signore Dio vivo e vero[7].
Tu sei amore e carità, Tu sei sapienza,
Tu sei umiltà, Tu sei pazienza,
Tu sei bellezza, Tu sei sicurezza, Tu sei quiete.
Tu sei gaudio e letizia, Tu sei nostra speranza,
Tu sei giustizia e temperanza,
Tu sei tutto, ricchezza nostra a sufficienza.
Tu sei bellezza, Tu sei mansuetudine.
Tu sei protettore, Tu sei custode e difensore[8],
Tu sei fortezza, Tu sei rifugio.
Tu sei la nostra speranza, Tu sei la nostra fede,
Tu sei la nostra carità, Tu sei tutta la nostra dolcezza,
Tu sei la nostra vita eterna, grande e ammirabile Signore, Dio on-
nipotente, misericordioso Salvatore.

Della vera e perfetta letizia[9]

Lo stesso [fra Leonardo] riferì nello stesso luogo che un giorno
il beato Francesco, presso Santa Maria [degli angeli], chiamò frate Leone e gli disse: «Frate Leone, scrivi». Questi rispose: «Ecco,
sono pronto». «Scrivi – disse – quale è la vera letizia».

«Viene un messo e dice che tutti i maestri di Parigi sono entrati
nell'ordine; scrivi: non è vera letizia. Così pure che [sono entrati

---

[4] Cfr. *Sal* 85,10.
[5] *Gv* 17,11; cfr. *Mt* 11,25.
[6] Cfr. *Sal* 135,2.
[7] Cfr. *1Ts* 1,9.
[8] Cfr. *Sal* 30,5.
[9] *Plet:* FF 278.

nell'ordine] tutti i prelati d'oltralpe, arcivescovi e vescovi, e anche il re di Francia e il re d'Inghilterra; scrivi: non è vera letizia. Ancora, [si annuncia] che i miei frati sono andati tra gli infedeli e li hanno convertiti tutti alla fede, e inoltre che io ho ricevuto da Dio tanta grazia che risano gli infermi e faccio molti miracoli; io ti dico: in tutte queste cose non è la vera letizia».

«Ma quale è la vera letizia?».

«Ecco, io torno da Perugia e a notte fonda arrivo qui, ed è tempo d'inverno fangoso e così freddo che all'estremità della tonaca, si formano dei dondoli d'acqua fredda congelata, che mi percuotono continuamente le gambe, e da quelle ferite esce il sangue. E io tutto nel fango e nel freddo e nel ghiaccio, giungo alla porta e, dopo che ho picchiato e chiamato a lungo, viene un frate e chiede: "Chi è?". Io rispondo: "Frate Francesco". E quegli dice: "Vattene, non è ora decente questa di andare in giro; non entrerai". E poiché io insisto ancora, l'altro risponde: "Vattene, tu sei un semplice e un illetterato, qui non ci puoi venire ormai; noi siamo tanti e tali che non abbiamo bisogno di te". E io resto ancora davanti alla porta e dico: "Per amor di Dio, accoglietemi per questa notte". E quegli risponde: "Non lo farò. Vattene al luogo dei Crociferi e chiedi là".

Io ti dico che, se avrò avuto pazienza e non mi sarò inquietato, in questo è la vera letizia e vera virtù e la salvezza dell'anima»[10].

---

[10] In *Lettera a un ministro*, per circostanze analoghe, Francesco raccomanda ciò che ora nell'apologo «vera letizia» ripete a se stesso: «Io ti dico, come posso, per quello che riguarda la tua anima, che quelle cose che ti impediscono di amare il Signore Iddio, e ogni persona che ti sarà di ostacolo, siano frati o altri, anche se ti percuotessero, tutto questo devi ritenere come una grazia. E così tu devi volere e non diversamente. E questo tieni per te in conto di vera obbedienza [da parte] del Signore Iddio e mia, perché io so con certezza che questa è vera obbedienza. E ama coloro che ti fanno queste cose. E non aspettarti da loro altro, se non ciò che il Signore ti darà. E in questo amali e non pretendere che siano cristiani migliori» (*Lmin* 2-5: FF 234).

Breve biografia
di Papa Francesco

17 dicembre 1936
Jorge Mario Bergoglio nasce a Buenos Aires, quarto di cinque figli. I suoi genitori, papà Mario e mamma Regina, sono emigranti piemontesi. Alle superiori frequenta un istituto industriale, specializzato in chimica. Consegue un master in chimica all'Università di Buenos Aires; in seguito sceglie la strada del sacerdozio ed entra nel seminario diocesano.

11 marzo 1958
Passa al noviziato della Compagnia di Gesù. Completa gli studi umanistici in Cile.

1963
Torna a Buenos Aires e consegue la laurea in filosofia presso la facoltà di filosofia del Collegio Massimo San José di San Miguel.

Fra il 1964 e il 1966
Professore di letteratura e psicologia nel Collegio dell'Immacolata di Santa Fé e nel Collegio del Salvatore a Buenos Aires.

Dal 1967 al 1970
Studia teologia presso la facoltà di teologia del Collegio Massimo San José di San Miguel, e consegue la laurea.

13 dicembre 1969
Jorge Mario Bergoglio è ordinato sacerdote dall'arcivescovo Ramón José Castellano.

Tra il 1970 e il 1971
Compie il terzo probandato ad Alcalá de Henares, in Spagna.

22 aprile 1973
Emette la professione perpetua nei gesuiti. Torna in Argentina come

maestro di novizi a Villa Barilari, San Miguel. È professore presso la facoltà di teologia; consultore della Provincia della Compagnia di Gesù e rettore del Collegio Massimo.

31 luglio 1973
Jorge Mario Bergoglio è eletto provinciale dei gesuiti dell'Argentina. Sei anni dopo riprende il lavoro nel campo universitario.

Tra il 1980 e il 1986
Diviene rettore del Collegio Massimo e delle annesse facoltà di filosofia e teologia, ed è parroco a Patriarca San José, nella diocesi di San Miguel.

Marzo 1986
È inviato in Germania, a Francoforte, per ultimare la tesi dottorale su Romano Guardini, ma prima che possa concluderla i superiori lo mandano nel Collegio del Salvatore a Buenos Aires e poi nella chiesa della Compagnia nella città di Cordoba, come direttore spirituale e confessore.

20 maggio 1992
Giovanni Paolo II nomina Jorge Mario Bergoglio vescovo titolare di Auca e ausiliare di Buenos Aires, ma già da tempo egli era stretto collaboratore del cardinale Quarracino, arcivescovo di Buenos Aires e primate d'Argentina dal 1990.

27 giugno 1992
Jorge Mario Bergoglio riceve nella cattedrale di Buenos Aires l'ordinazione episcopale dalle mani del cardinale Antonio Quarracino, del nunzio apostolico monsignor Ubaldo Calabresi e del vescovo di Mercedes-Luján, monsignor Emilio Ogñénovich.
Come motto sceglie *Miserando atque eligendo* (motto che poi riprodurrà anche nel proprio stemma pontificio), tratto dalle *Omelie* di san Beda il venerabile, sacerdote, il quale, commentando l'episodio evangelico della vocazione di san Matteo, scrive:
«Gesù vide un pubblicano e, siccome lo guardò con sentimento di amore e lo scelse (*miserando atque eligendo*), gli disse: Seguimi» (Om. 21; CCL 122, 149-151).

L'Omelia 21 è un omaggio alla misericordia divina ed è riprodotta nella Liturgia delle ore della festa di san Matteo. Riveste un significato particolare nella vita e nell'itinerario spirituale del futuro Papa. Infatti, nella festa di san Matteo dell'anno 1953, il giovane Bergoglio sperimentò (all'età di diciassette anni, in un modo del tutto particolare) la presenza amorosa di Dio nella sua vita. In seguito a una confessione, si sentì toccare il cuore e avvertì la discesa della misericordia di Dio, che, con sguardo di tenero amore, lo chiamava alla vita religiosa, sull'esempio di sant'Ignazio di Loyola.

Nello stemma inserisce il simbolo della Compagnia di Gesù: un sole raggiante e fiammeggiante caricato dalle lettere, in rosso, IHS, monogramma di Cristo. La lettera H è sormontata da una croce; in punta, i tre chiodi in nero. Inoltre aggiunge una stella e il fiore di nardo. La stella simboleggia la Vergine Maria, madre di Cristo e della Chiesa; il fiore di nardo indica invece san Giuseppe (come vuole la tradizione iconografica ispanica), patrono della Chiesa universale.

È nominato vicario episcopale della zona Flores e, l'anno successivo, vicario generale.

3 giugno 1997

Bergoglio è nominato arcivescovo coadiutore di Buenos Aires.

28 febbraio 1998

Succede come arcivescovo al cardinale Quarracino, divenendo primate di Argentina, ordinario per i fedeli di rito orientale residenti nel Paese, gran cancelliere dell'Università Cattolica Argentina.

21 febbraio 2001

Nel concistoro, dal beato Giovanni Paolo II è creato e pubblicato cardinale, del titolo di san Roberto Bellarmino. A ottobre di quell'anno è relatore generale aggiunto alla decima Assemblea generale ordinaria del Sinodo dei vescovi dedicata al ministero episcopale. Intanto in America Latina la sua figura diventa sempre più popolare.

Aprile 2005

Bergoglio partecipa al conclave in cui è eletto Benedetto XVI e, a novembre, è nominato presidente della Conferenza Episcopale Argentina ed è membro delle Congregazioni per il culto divino e la disciplina dei sacramenti; per il clero; per gli Istituti di vita consacrata e le Società di vita apostolica; del Pontificio Consiglio per la famiglia; della Pontificia Commissione per l'America Latina. Come arcivescovo di Buenos Aires (città che ha tre milioni di abitanti) pensa a un progetto missionario incentrato sulla comunione e sull'evangelizzazione. Quattro gli obiettivi principali: comunità aperte e fraterne; protagonismo di un laicato consapevole; evangelizzazione rivolta a ogni abitante della città; assistenza ai poveri e ai malati. Invita preti e laici a lavorare insieme.

Settembre 2009
Promuove a livello nazionale la campagna di solidarietà per il bicentenario dell'indipendenza del Paese: duecento opere di carità da realizzare entro il 2016. In chiave continentale, nutre forti speranze sull'onda del messaggio della Conferenza di Aparecida del 2007, fino a definire tale messaggio «l'Evangelii nuntiandi dell'America Latina».

13 marzo 2013
Jorge Mario Bergoglio è eletto Papa al quinto scrutinio da centoquindici elettori, in un conclave durato meno di ventisei ore, dopo la rinuncia al ministero petrino di Benedetto XVI avvenuta il mese precedente.
Sceglie di farsi chiamare Francesco.

Profilo biografico
di san Francesco
e cronologia degli scritti[1]

L'esperienza spirituale di Francesco va inserita nel suo contesto storico, in quanto una determinata esperienza è situata nel tempo ed è segnata da precisi condizionamenti storici. Gli scritti di Francesco, letti in relazione ai diversi momenti della sua vita (per quanto questo sia possibile, considerati i problemi di datazione dei testi), disegnano un percorso spirituale, quasi una sua biografia "interiore". È interessante prestare attenzione alla fenomenologia concreta dell'esperienza cristiana di Francesco, cioè al suo "vissuto" umano integrale e concreto, un vissuto capace di accogliere la propria autenticità dalla rivelazione, cioè da Gesù Cristo e, quindi, di assumere la forma della fede, della speranza e della carità[2].

1181/1182

Ad Assisi, nasce Giovanni di Pietro di Bernardone; il padre, ricco mercante, assente al battesimo, vuole che sia chiamato Francesco. Impara a leggere e scrivere presso la chiesa di San Giorgio[3].

1193/1194

Nasce ad Assisi Chiara, figlia di Favarone di Offreduccio e di Ortolana, di famiglia aristocratica.

1198-1200

Dopo la morte dell'imperatore Enrico VI (settembre 1197) i popolani delle arti (*homines populi*) distruggono la rocca imperiale di Assisi e

---

[1] In corsivo sono inseriti gli scritti nel periodo della loro stesura. Cfr. Paolazzi C., *La lettura degli "Scritti" di Francesco d'Assisi*, pp. 9-15.
[2] Cfr. Moioli G., *L'esperienza spirituale*, pp. 54-55.
[3] Cfr. *1Cel* 23: FF 358.

assaltano le case fortificate dei nobili (*boni homines*), molti dei quali si rifugiano a Perugia.

1202-1203
Nella guerra tra Perugia e Assisi, le milizie assisane sono sconfitte a Collestrada: prigionia di Francesco, liberato dopo un anno, in cattive condizioni di salute.

1204-1206
Comincia la "conversione" di Francesco: visione misteriosa di Spoleto, incontro con i lebbrosi, preghiera insistente a San Damiano[4].
Preghiera davanti al crocifisso[5].

1206-1208
Contrasto con il padre e rinuncia all'eredità paterna dinanzi al vescovo di Assisi. In abito da eremita, Francesco ripara a San Damiano, San Pietro e Santa Maria della Porziuncola[6].

Aprile 1208
Con i primi compagni, Bernardo di Quintavalle e Pietro Cattani, nella chiesa di San Nicolò consulta il Vangelo, che diventa la loro norma di vita[7]. Indossando l'abito dei penitenti, iniziano le prime peregrinazioni apostoliche e nella primavera seguente il loro numero è cresciuto a dodici.

1209-1210
In data incerta, Innocenzo III approva a voce la Regola di vita «secondo la forma del santo Vangelo», che Francesco «fece scrivere con poche parole e con semplicità»[8].
Il Papa concede loro «licenza di predicare dovunque la penitenza»[9]:

---

[4] Cfr. *3Comp* 6-14: FF 1400-1413.
[5] Inizi 1206; *PCr* 1-5: FF 276.
[6] Cfr. *3Comp* 16-24: FF 1400-1413.
[7] Cfr. *3Comp* 27-29: FF 1429-1432; *Anper* 10-11.
[8] *2Test*,14-15.
[9] *3Comp* 51: FF 1460; *Anper* 36.

la Protoregola, più che perduta, viene inglobata e amplificata progressivamente dentro il testo della *Regola non bollata* (1210-1221).
Da Rivotorto la fraternità passa a Santa Maria della Porziuncola, la chiesetta ottenuta in custodia dai benedettini del Subasio.

1212 c.

Chiara è accolta da Francesco alla vita penitente, e quindi all'obbedienza, con un impegno scritto da parte di Francesco: la *Forma di vita*[10], citata dalla stessa Chiara[11].

1212-1215

Francesco tenta inutilmente di raggiungere la Siria e poi il Marocco attraverso la Spagna.
Esortazione alla lode di Dio[12]: per l'acerbità di struttura e di forma, potrebbe appartenere ai primi anni del peregrinare di Francesco.

Novembre 1215

Si celebra il quarto concilio Lateranense, importante per la riforma della Chiesa e le misure antiereticali.

1216

16 luglio: muore Innocenzo III e gli succede Onorio III. È presente Giacomo da Vitry, della diocesi di Namur, consacrato vescovo di Acri (Tolemaide): in una lettera dell'ottobre 1216 fornisce una preziosa testimonianza sulla vita e la stima ecclesiale goduta dai cosiddetti «Frati minori e Sorelle minori»[13].

26 maggio 1217

Il capitolo generale decide la prima missione d'oltralpe e d'oltremare.

11 giugno 1218

Nella bolla *Cum Dilecti*, indirizzata a vescovi e prelati, Onorio III rac-

---

[10] 1212 c.; FF 139.
[11] Cfr. *RsC* VI, 1-5.
[12] FF265/a.
[13] *1Vitry*: FF 2205. Cfr. FF 2200-2209.

comanda di accogliere i «Frati minori [...] come uomini cattolici e fedeli»[14].

26 maggio 1219
Al capitolo di Pentecoste, mentre dal 1217 è in atto la quinta crociata, si decide una seconda missione dei frati oltralpe e oltremare.
Nel giugno Francesco s'imbarca per l'Oriente e giunge a Damietta, dove incontra pacificamente il sultano d'Egitto Melek-el-Kamel.

1220
Gennaio: in Marocco, primi cinque Frati minori martiri.
Informato che i "vicari" lasciati in Italia avevano introdotto disposizioni arbitrarie nella *Regola*, Francesco rientra. Da Onorio III ottiene il cardinal Ugolino come protettore dell'ordine, e arricchisce di testi biblici la *Regola* con l'aiuto di frate Cesario da Spira[15].
Sulla scia dell'esperienza in Oriente e della lettera papale *Sane cum olim* (datata 22 novembre 1219), Francesco invia delle lettere con l'invito alla lode divina pubblica e al culto eucaristico:
Lettera a tutti i chierici[16]
Lettera ai reggitori dei popoli[17]
Prima lettera ai custodi[18]
Seconda lettera ai custodi[19].
La bolla *Cum secundum* obbliga anche i Frati minori all'anno di noviziato[20].
Francesco rinuncia al governo diretto dell'ordine, affidandolo a un "vicario": Pietro Cattani, fino al 10 marzo 1221; a cui poi subentra frate Elia.

---

[14] *Cum Dilecti*: FF 2708.
[15] Cfr. *Giordano*, 12-15: FF 2334-38.
[16] *1Lch*: FF 207/a-209/a; *2Lch*: FF 207-209.
[17] *Lrp*: FF 210-213.
[18] *1Lcus*: FF 240-244.
[19] *2Lcus*: FF 245-248.
[20] *Cum secundum*: FF 2714.

30 maggio 1221

Al capitolo generale della Porziuncola si organizzano con cura nuove spedizioni oltralpe, in Germania, e si discute il nuovo testo della *Regola*:

Regola non bollata[21].

Un completamento "spirituale" delle norme per la fraternità è costituito dalle *Ammonizioni*[22] (forse raccolte progressivamente in capitoli generali), nelle quali «santo Francesco rivolgeva ai presenti ammonizioni, riprensioni e precetti, come gli sembrava opportuno, dopo aver consultato il Signore»[23].

1221 ss.

Appartengono con tutta probabilità agli anni maturi di Francesco alcune delle preghiere:

Saluto alle virtù[24]

Saluto alla beata Vergine Maria[25]

Orazione sul "Padre nostro"[26].

1221-1223

Prosegue, da parte di Francesco, il lavorio per giungere a un testo definitivo della Regola, come dimostra un documento importante:

Lettera a un ministro[27].

Non mancano tensioni comunitarie[28] e una lunga "tentazione" di Francesco[29]. In questo tormentato momento della vita del santo, potrebbero essere state composte:

---

[21] *Rnb*: FF 1-73.

[22] *Am*: FF 141-178.

[23] *Anper* 37: FF 1529.

[24] *Salvir*: FF 256-258.

[25] *SalV*: FF 259.

[26] *Pater*: FF 266-275.

[27] *Lmin*: FF 234-239.

[28] Ad esempio, al *Capitolo delle stuoie*, CAss 17-18: FF 1563-1564.

[29] Cfr. *2Cel* 15: FF 601.

Della vera e perfetta letizia[30]
Ufficio della Passione del Signore[31].

1223
A Fonte Colombo, non senza difficoltà e contrasti[32], Francesco redige la regola definitiva del suo ordine:
Regola bollata, approvata da Onorio III (bolla *Solet annuere*[33], 29 novembre).

24-25 dicembre 1223
A Greccio: "memoria" eucaristica del Natale del Signore[34].

1224
In data sicuramente posteriore all'approvazione della *Regola bollata*:
Lettera a frate Antonio[35]
Lettera a tutto l'ordine[36].

Agosto-settembre 1224
Quaresima di san Michele nel luogo della Verna (15 agosto-29 settembre), dove Francesco riceve le stimmate, dopo le quali scrive di sua mano:
Lodi di Dio Altissimo[37], «rendendo grazie a Dio per il beneficio lui fatto»
Benedizione a frate Leone[38].
Francesco torna alla Porziuncola, limitato nell'attività apostolica dalle stimmate e dall'aggravarsi delle malattie. Se non anche la prima

---

[30] *Plet*: FF 278.
[31] *UffPass*: FF 279-303.
[32] Cfr. *LegM* 4,11: FF 1082; *CAss* 17: FF 1563.
[33] *Solet annuere*: FF 73a-109a.
[34] *1Cel* 84-87: FF 466-471.
[35] LAnt: FF 251-252: rinvio a *Rb* 5,2: FF 88.
[36] LOrd: FF 214-233: ai vv. 38-43 rinvii alla *Rb*.
[37] LodAl: FF 261.
[38] *BfL*: FF 262. Per motivazioni, cfr. *2Cel* 49: FF 635.

stesura[39], almeno la seconda redazione della *Lettera ai fedeli*[40] appartiene forse a questi ultimi anni, dato che Francesco dichiara di voler scrivere «considerando che non posso visitare personalmente i singoli, a causa della malattia e debolezza del mio corpo»[41].

Primavera 1225

A San Damiano, Francesco compone due laudi/esortazioni in volgare, la prima in ringraziamento per l'assicurazione della salvezza (*certificatio*), la seconda per maggior consolazione delle povere signore:
Cantico di frate Sole[42]
Audite, poverelle dal Signore vocate[43].
Francesco passa nella Valle Reatina, dove sopporta inutili terapie chirurgiche per una grave malattia agli occhi, contratta in Oriente.

Aprile-maggio 1226

A Siena, durante un aggravamento delle sue condizioni di salute, detta in breve l'ultima "volontà":
Testamento di Siena[44].
Successivamente, Francesco è trasferito alle celle di Cortona (a Bagnara, presso Nocera) e quindi scortato ad Assisi, nel palazzo vescovile. All'annuncio della morte vicina, detta l'ultima lassa del *Cantico*.

Settembre 1226

Probabilmente durante le ultime settimane di vita, detta l'ultimo *Testamento*[45], «recordatio, admonitio, exhortatio»[46]. Un testo universalmente ritenuto esemplare per la spiritualità: è lo stile di Francesco, considerato

---

[39] *1Lf*: FF 178/1-7.
[40] *2Lf*: FF 179-206.
[41] *2Lf* 3: FF 180.
[42] *Cant*: FF 263. Cfr. *CAss* 83: FF 1614-1615. Aggiunte, *CAss* 84 e 7: FF 1616 e 1547.
[43] *Aud*: FF 263/ 1. Cfr. *CAss* 85: FF 1617.
[44] *1Test*: FF 132-135. Cfr. *CAss* 59: FF 1587.
[45] *2Test*: FF 110-131.
[46] *2Test* 34: FF 127.

tale anche per la fedeltà alla Chiesa e alla regola professata[47].
Lettera a donna Jacopa[48].

3 ottobre 1226

Muore alla Porziuncola, la sera del sabato 3 ottobre (dopo il tramonto: secondo il computo liturgico medievale, il 4 ottobre). Il giorno dopo, la salma è tumulata in Assisi, nella chiesa di San Giorgio (ora inglobata nella basilica di Santa Chiara), dove «fanciullino aveva imparato a leggere e dove in seguito per la prima volta aveva predicato»[49].

16 luglio 1228

Gregorio IX celebra in Assisi la canonizzazione di Francesco: la relativa bolla, *Mira circa nos*[50], è resa pubblica il 19 luglio.

1228-1229

Tommaso da Celano compone la *Vita del beato Francesco*, o *Vita prima*, «per comando del glorioso signore Papa Gregorio» (Prologo).

25 maggio 1230

Le spoglie di san Francesco sono trasferite nella cripta della basilica che si stava erigendo in suo onore.

---

[47] Cfr. *2Test* 38-39: FF 130.
[48] *LJac*: FF 253-255. Cfr. *2Cel* 37-39: FF 622-624.
[49] *LegM* 15,5: FF 1250.
[50] *Mira circa nos*: FF 2720-2728.

Abbreviazioni

Scritti di Francesco d'Assisi

Am	Ammonizioni
Aud	«Audite, poverelle» (1225)
BfL	Benedizione a frate Leone
Cant	Cantico di frate Sole (1225)
Eslod	Esortazione alla lode di Dio
Fvit	Forma di vita (alle «signore povere»)
LAnt	Lettera a frate Antonio
1Lch	Lettera a tutti i chierici (I redazione)
2Lch	Lettera a tutti i chierici (II redazione)
1Lcus	Prima lettera ai custodi
2Lcus	Seconda lettera ai custodi
1Lf	Lettera ai fedeli (I redazione)
2Lf	Lettera ai fedeli (II redazione)
LfL	Lettera a frate Leone
LJac	Lettera a donna Jacopa
Lmin	Lettera a un ministro
LodAl	Lodi di Dio Altissimo (1224)
Lora	Lodi per ogni ora
LOrd	Lettera a tutto l'Ordine
Lrp	Lettera ai reggitori dei popoli
Pater	Orazione sul «Padre nostro»
PCr	Preghiera davanti al Crocifisso
Plet	Della vera e perfetta letizia
Rb	Regola bollata (1223)
Rer	Regola di vita negli eremi
Rnb	Regola non bollata (1221)
SalV	Saluto alla beata Vergine Maria
Salvir	Saluto alle virtù
1Test	Testamento di Siena (aprile-maggio 1226)
2Test	Testamento (1226)
UffPass	Ufficio della Passione del Signore

Biografie di Francesco d'Assisi

Anper	*De inceptione* (Anonimo Perugino)
CAss	*Compilatio Assisiensis* (Compilazione di Assisi)
1Cel	*Vita beati Francisci* (Vita prima), di Tommaso da Celano
2Cel	*Memoriale in desiderio animae* (Vita seconda), di Tommaso da Celano
3Comp	Leggenda dei tre Compagni
LegM	Leggenda maggiore, di Bonaventura di Bagnoregio
SCom	*Sacrum Commercium sancti Francisci cum domina Paupertate*
Spec	Specchio di perfezione

Cronache e testimonianze

Giordano	Cronaca di Giordano da Giano
Spalato	Tommaso da Spalato

Scritti e fonti biografiche di Chiara d'Assisi

3LAg	Lettera terza a santa Agnese di Praga
RsC	Regola di santa Chiara d'Assisi
TestsC	Testamento di santa Chiara d'Assisi

Altre abbreviazioni

FF	*Fonti Francescane. Terza edizione rivista e aggiornata. Scritti e biografie di san Francesco d'Assisi. Cronache e testimonianze del primo secolo francescano. Scritti e biografie di santa Chiara d'Assisi. Testi normativi dell'Ordine Francescano Secolare*, EFR-Editrici Francescane, Padova 2011.

Indice